铁路综合交通枢纽工程设计实践

从构想到实践
太原南站综合交通枢纽规划与设计

邵金雁　主编

中国城市出版社

图书在版编目（CIP）数据

从构想到实践：太原南站综合交通枢纽规划与设计 / 邵金雁主编. —北京：中国城市出版社，2023.9
（铁路综合交通枢纽工程设计实践）
ISBN 978-7-5074-3626-6

Ⅰ.①从⋯ Ⅱ.①邵⋯ Ⅲ.①城市交通-交通运输中心-建设规划-研究-太原 Ⅳ.①U491.1

中国国家版本馆CIP数据核字（2023）第142403号

太原南站综合交通枢纽是华北地区重要的高铁客运枢纽之一，也是高铁客运枢纽在代际更新过程中，较早以"站城一体"为理念建成并运营的大型综合交通枢纽，具有重要的理论和实践意义。本书力图从交通、规划、布局、公共空间设计、站区土地综合利用、工程设计中的革新思路/技术创新/产品研发、运营及使用中的总结思考等多个系统方面，进行全面介绍和分析，同时总结提炼经验教训，为建筑学在交通建筑领域的进一步完善和发展提供帮助。

责任编辑：段　宁
责任校对：芦欣甜
校对整理：张惠雯

铁路综合交通枢纽工程设计实践
从构想到实践　太原南站综合交通枢纽规划与设计
邵金雁　主编

*
中国城市出版社出版、发行（北京海淀三里河路9号）
各地新华书店、建筑书店经销
北京鸿文瀚海文化传媒有限公司制版
建工社（河北）印刷有限公司印刷
*
开本：787毫米×1092毫米　1/16　印张：10¾　字数：204千字
2023年12月第一版　　2023年12月第一次印刷
定价：88.00元
ISBN 978-7-5074-3626-6
（904656）

版权所有　翻印必究
如有内容及印装质量问题，请联系本社读者服务中心退换
电话：（010）58337283　　QQ：2885381756
（地址：北京海淀三里河路9号中国建筑工业出版社604室　邮政编码：100037）

主　编：邵金雁

顾　问：李同立　穆晓光　白晓平　万学红

编委会：李鹏飞　卢　佳　王建锋　林雄斌

　　　　刘　猛　李书雯　张振宇　郭爱东

　　　　李　哲

序 言

太原南站综合交通枢纽项目的建设,从高铁站房、东西广场、市政道路到商业开发建筑群的全面建成运营,经历了一段漫长且艰苦的建设时期。高铁站房从2008年年底开始建设,2014年7月建成并投入运营;西广场交通接驳部分于2010年8月开始建设,2014年7月与高铁站房同步投入运营;西广场物业开发部分于2013年5月开始建设,2017年投入运营;东广场于2016年开始建设,2019年7月开通运营。项目从开始建设到全部建成、投入运营跨越了10年时间。这10年正是我国高速铁路飞速发展的时期,也是枢纽从3.0时代正式迈入4.0时代的关键时期。太原南站枢纽见证了这个时期,也正是在这个时期交出了令人满意的答卷。

太原南站枢纽投入运营至今已接近9年时间,从实际运营效果来看,枢纽交通换乘便捷、门户形象突出、物业开发收益基本可覆盖枢纽运营管理成本,获得社会各界的广泛好评,已然成为太原市重要的城市门户和城南区域经济发展的重要引擎。实践证明,太原南站综合枢纽这个项目是经得起时间考验的,是具备超前思考的比较成功的实践案例。

太原南站综合交通枢纽在设计之初就确定了要做高品质、百年不落后的精品工程的目标,而这种交通枢纽的建筑类型在当时,即便在当前,也都还在不断地完善和实践,并不是成熟和容易的。项目在当时的设计和建设过程十分坎坷,经历了很长的酝酿过程,回顾以往枢纽的总体方案先后经历了三次重大的变化。

太原南站枢纽最初方案是日本建筑师原广司先生提出的"超

大广场+地下空间"的模式,这虽借鉴了日本地下空间开发利用经验,但也是国内铁路站房建设传统的模式;第二轮方案"两山一水"是对站城融合的初步探索,方案很有本土特色和创造力,但是在接入运营管理的需求后,又循环进入思考和讨论,决定重新整理思路再出发;第三次通过国际招标确定了最终的实施方案,这个方案充分考虑到建筑功能的适应性、后期运营管理的灵活性、枢纽资金自平衡、本土文化的融入等多维度因素,实现综合效益最优。回顾整个设计过程,从最初的简单借鉴,到本土的适应性研究,并加入运营管理和经济自平衡的思维,方案不断被否定、再肯定。超前思考、反复地讨论和实践探索,回顾起来这个过程虽然坎坷,但最终证明都是值得的。

太原南站综合交通枢纽项目建设基础比较薄弱,并且彼时交通枢纽的建设并没有成熟经验可循。在整个过程中,从枢纽交通规划,到枢纽的设计、建设与运营管理等,包括在枢纽审批程序上,都需要业主、政府建设管理部门、设计方和所有参建方的共同努力,各种困难层出不穷,正是由于没有先例可循,就想办法创新,这也是这个项目在建设的各个层面有丰硕创新成果的原因。比如我们将运营与建设一体化结合创新,在建设过程中就筹划运营团队,建设者就是运营者,以运营者的思维去做建设,使整个交通枢纽形成了好维护、维修少、适应性强的优势。基于这样的思路,项目团队创新并实现了"建筑全生命周期的适应性设计",收获了"整体发光与吸声集成天花""拉索防松过载保护装置"等一系列创新发明成果。

全书除了引言部分，主体部分共包括8章内容。第1章由来——城市发展视角下的太原南站枢纽，主要讲解了太原城市发展概况、城市总体发展视角下枢纽地区规划、综合交通体系中的枢纽节点。第2章支撑——空间规划历程视角下的太原南站枢纽，主要阐述了规划的回顾、地区发展视角下枢纽地区规划、站城一体目标下的枢纽地区城市设计、规划与实施的比较。第3章规模——太原南站交通枢纽的客流预测与分析，主要阐明了交通枢纽客流预测的基本方法、场站类设施配置基本规模的预测方法、太原南站枢纽换乘客流与设施规模的预测。第4章布局——太原南站枢纽的综合换乘系统组织，主要分析了综合客运枢纽换乘体系设计的理论与方法、南站枢纽的换乘设计、南站枢纽的创新与思考、南站枢纽换乘系统的使用评价。第5章塑造——太原南站枢纽的公共空间设计，主要探讨了枢纽公共空间设计的相关理论与方法、南站枢纽公共空间的体系概述、站前广场主公共空间的设计与思考、站城一体特色公共空间的设计与思考、地下特色公共空间的设计与思考。第6章提升——太原南站枢纽的综合开发与利用，进一步探讨了新一代综合客运枢纽发展趋势、站城一体的枢纽综合体设计的理论与方法、太原南站枢纽综合体的设计与思考、太原南站枢纽综合开发的亮点与特色。第7章探索——太原南站枢纽的建筑技术创新，主要揭示了枢纽建筑的技术方法与技术体系、机电设备系统的设计与思考。第8章优化——太原南站枢纽的投融资与建设模式，总结了铁路综合客运枢纽的投融资与建设模式的发展趋势、国内外铁路客运枢纽投融资模式回顾、太原南站建设的资金需求分析、太原南站投融资体制机制设计、太原南站建设模式与创新思考、基于综合开发的机制及其成效评价，最后在本章结尾处做了总结与展望。

大型枢纽开发具有投资大、周期长、技术要求高、后续经营难等诸多问题。为了解决这些问题，遵循强强合作的原则，高水准、高品质、高效率地完成项目的开发。回顾太原南站的开发历程，在建筑设计方面与北京城建设计发展集团股份有限公司、法国AS建筑工作室合作，在建筑施工方面与中国建筑股份公司合作，在景观

设计、管理运营、招商运营上也选择了国内一线城市的顶级公司合作等。这样确保了设计规划开发的各个过程的高标准，保证了项目的工程品质，确保了百年大计。最后，对于政府的大力支持，及在太原南站综合交通枢纽建设中作出突出贡献的单位及个人，在这里表示衷心的感谢。

李同立

2023年6月13日于西藏

目 录

序言

引言 001
    0.1 研究背景——新时期铁路与铁路综合客运枢纽 001
    0.2 研究对象——太原南站综合客运枢纽 011
    0.3 内容概述 014

第1章 由来——城市发展视角下的太原南站枢纽 017
    1.1 太原城市发展概况 017
    1.2 城市总体发展视角下枢纽地区规划 018
    1.3 综合交通体系中的枢纽节点 024

第2章 支撑——空间规划历程视角下的太原南站枢纽 029
    2.1 规划的回顾 029
    2.2 地区发展视角下枢纽地区规划 029
    2.3 站城一体目标下的枢纽地区城市设计 031
    2.4 规划与实施的比较 034

第3章 规模——太原南站交通枢纽的客流预测与分析 035
    3.1 交通枢纽客流预测的基本方法 036
    3.2 场站类设施配置基本规模的预测方法 042
    3.3 太原南站枢纽换乘客流与设施规模的预测 045

- 第 4 章 布局——太原南站枢纽的综合换乘系统组织....................049
  - 4.1 综合客运枢纽换乘体系设计的理论与方法...................049
  - 4.2 南站枢纽的换乘设计..051
  - 4.3 南站枢纽的创新与思考..064
  - 4.4 南站枢纽换乘系统的使用评价...................................068

- 第 5 章 塑造——太原南站枢纽的公共空间设计..........................071
  - 5.1 枢纽公共空间设计的相关理论与方法.........................071
  - 5.2 南站枢纽公共空间的体系概述...................................074
  - 5.3 站前广场主公共空间的设计与思考............................075
  - 5.4 站城一体特色公共空间的设计与思考.........................089
  - 5.5 地下特色公共空间的设计与思考................................093

- 第 6 章 提升——太原南站枢纽的综合开发与利用........................100
  - 6.1 新一代综合客运枢纽发展趋势...................................100
  - 6.2 站城一体的枢纽综合体设计的理论与方法..................104
  - 6.3 太原南站枢纽综合体的设计与思考............................106
  - 6.4 太原南站枢纽综合开发的亮点与特色.........................125

第 7 章　探索——太原南站枢纽的建筑技术创新 129

　　7.1　枢纽建筑的技术方法与技术体系 129

　　7.2　机电设备系统的设计与思考 142

第 8 章　优化——太原南站枢纽的投融资与建设模式 151

　　8.1　铁路综合客运枢纽的投融资与建设模式的发展

　　　　趋势 151

　　8.2　国内外铁路客运枢纽投融资模式回顾 152

　　8.3　太原南站建设的资金需求分析 153

　　8.4　太原南站投融资体制机制设计 154

　　8.5　太原南站建设模式与创新思考 156

　　8.6　基于综合开发的机制及其成效评价 158

　　8.7　总结与展望 158

引言

0.1 研究背景——新时期铁路与铁路综合客运枢纽

0.1.1 交通强国，铁路先行

1. 交通强国的时代背景

交通顺则百业兴。交通运输事业在一国的发展过程中发挥着基础性、先导性、战略性以及服务性功能，是可持续发展的重要支撑。

把交通运输作为经济社会发展的"先行官"，坚持先行引导、适度超前原则，保持一定发展速度，为经济社会发展提供坚实基础和有力保障。2019年9月19日，中共中央、国务院印发《交通强国建设纲要》，提出到2035年，要基本建成交通强国，基本形成"全国123出行交通圈"（都市区1小时通勤、城市群2小时通达、全国主要城市3小时覆盖）和"全球123快货物流圈"（国内1天送达、周边国家2天送达、全球主要城市3天送达）的现代化综合交通体系。

"交通强国，铁路先行"。2020年8月，中国国家铁路集团有限公司出台《新时代交通强国铁路先行规划纲要》，明确了中国铁路2035年、2050年发展目标和主要任务，描绘了新时代中国铁路发展美好蓝图。该规划纲要提出，到2035年，我国现代化铁路网率先建成，全国铁路网达到20万公里左右，其中高铁7万公里左右。20万人口以上城市实现铁路覆盖，其中50万人口以上城市实现高铁通达。到2050年，全面建成更高水平的现代化铁路强国，全面服务和保障社会主义现代化强国建设。铁路建设成为中国特色社会主义现代化强国和中华民族伟大复兴的重要标志和组成部分，是世界铁路发展的重要推动者和全球铁路规则制定的重要参与者。

2. 举世瞩目的发展成就

中国铁路建设始于清朝末年,回顾中国铁路整个发展历程,可大致分为六个阶段(表0-1):开创时期(1876—1893年)、缓慢发展时期(1894—1948年)、抢修恢复建设时期(1949—1952年)、铁路网骨架基本形成时期(1953—1978年)、铁路发展新时期(1979—2002年)以及高速发展新时期(2003年至今)。

中国铁路发展阶段划分   表0-1

中国铁路发展时期	铁路总里程	对应阶段背景
开创时期 (1876—1893年)	约400公里	清政府晚期
缓慢发展时期 (1894—1948年)	约24500公里	甲午战争后,清政府晚期、北洋政府时期、民国政府时期
抢修恢复铁路运输时期 (1949—1952年)	约22876公里	新中国成立,抢修恢复铁路
铁路网骨架基本形成时期 (1953—1978年)	约49940公里	五个五年计划建设
铁路发展新时期 (1979—2002年)	约7.3万公里	改革开放
高速发展新时期 (2003年至今)	约13.9万公里 (运营里程)	六次大提速、高速发展总战略、高速铁路建设等

新中国成立以后特别是改革开放以来,中国交通运输秉持与经济社会协调发展、与自然生态和谐共生的理念,发展取得历史性成就与变革。据国家铁路局发布的《2020年铁道统计公报》,截至2020年底,我国铁路营业里程达到14.63万公里,全国铁路旅客发送量完成22.03亿人次(受新冠疫情影响,较2019年全国铁路发送量36.6亿人次下降39.4%),全国铁路货运总发送量完成45.52亿吨,同比增长3.2%。

高速铁路建设是我国铁路快速发展的一个缩影。自2007年我国第一列动车组"和谐号"D460次列车开行以来,截至2020年底,先后建成300~350km/h高速铁路26条,约14363km;200~250km/h客运专线和干线铁路66条,约22687km;200~250km/h城市圈城际铁路14条,约850km,总营业里程合计3.79万公里(图0-1、图0-2)。中国高速铁路占世界高铁总营运里程的四分之三以上,是世界上运营里程最长、在建规模最大、运营场景最丰富、商业运行速度最高的高速铁路网。

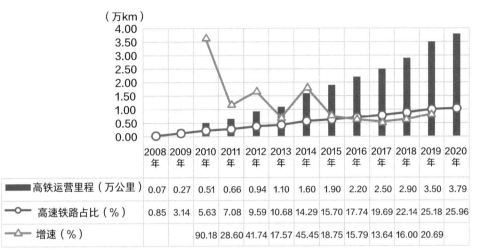

图0-1 2008~2020年中国高速铁路建设增长及占比

数据来源：国家铁路局《2020年铁道统计公报》

图0-2 中国已开通高速铁路网示意图（截至2020年12月）

3. 多网并举的未来规划

新时代背景下，区域一体化成为我国优化资源配置的重要抓手。国家层面推动构建以中心城市引领城市群发展、城市群带动区域发展，推动区域板块之间融合互动发展，促进城市功能互补、产业错位布局、基础设施和公共服务共享，在深化合作中实现互利共赢的新模式。这对我国铁路网络布局产生了深远影响。

2019年2月，国家发展改革委发布《关于培育发展现代化都市圈的指导意见》，提出打造轨道上的都市圈，统筹考虑城市群、都市圈城市轨道交通网络布局，推动干线铁路、城际铁路、市域（郊）铁路、城市轨道交通"四网融合"，构建以城市轨道交通为骨干的通勤圈。《意见》发布前后，国家发展改革委、交通运输部等部门先后发文支持京津冀、粤港澳、长三角以及成渝城市群率先完善区域城市轨道交通网络建设。2021年2月，中共中央、国务院印发《国家综合立体交通网规划纲要》，进一步明确推动"四网融合"发展，优化调整运输结构，着力发展多式联运，实现客运换乘"零距离"、物流衔接"无缝化"、运输服务"一体化"的综合交通枢纽规划建设（表0-2、表0-3）。我国铁路建设步入从廊道建设向网络化建设的新阶段。

近年来国家推动区域一体化与铁路建设的部分政策　　　　表0-2

发布部门	政策名称	政策重点
国家发展改革委、交通运输部	《京津冀协同发展交通一体化规划（2014—2020年）》	打造"轨道上的京津冀"
国家发展改革委	《关于培育发展现代化都市圈的指导意见》（2019年）	打造轨道上的都市圈，统筹考虑都市圈城市轨道交通网络布局，推动干线铁路、城际铁路、市域（郊）铁路、城市轨道交通"四网融合"，构建以城市轨道交通为骨干的通勤圈
国家发展改革委	《关于粤港澳大湾区城际铁路建设规划的批复》（2020年）	打造"轨道上的大湾区"：进一步加大城际铁路建设力度，做好与大湾区内高铁、普速铁路、市域（郊）铁路等轨道网络的融合衔接
国家发展改革委、交通运输部	《长江三角洲地区交通运输更高质量一体化发展规划》（2020年）	打造轨道上的长三角：形成干线铁路、城际铁路、市域（郊）铁路、城市轨道交通多层次、优衔接、高品质的城市轨道交通系统，长三角地区成为多层次城市轨道交通深度融合发展示范引领区
国家发展改革委	《长江三角洲地区多层次城市轨道交通规划》（2021年）	
国家发展改革委、交通运输部	《成渝地区双城经济圈综合交通运输发展规划》（2021年）	基本建成"轨道上的双城经济圈"，打造"轨道上的都市圈"：优先利用干线铁路、城际铁路富余运力开行市域（郊）列车，有序新建部分市域（郊）铁路，有机衔接中心城区城市轨道

"四网融合"城市轨道交通网络分类及功能要求　　　　　　　表0-3

分类	功能	设计标准与要求	常规公交化水平
高速干线铁路	在全国范围内，承担城市群、直辖市、计划单列市、省会之间的快速直接联系	设计速度：250~350km/h 站间距：30~50km	低
城际铁路	在城市群范围内或邻近城市间，实现各城市、重点城镇之间的快速链接	设计速度：160~250km/h 站间距：5~20km	较低
市域（郊）铁路	在市域及周边区域，承担城市中心城区、重要综合交通枢纽与外围组团或外围组团之间的通勤性联系	设计速度：120~200km/h 站间距：3~5km	较高
城市轨道	在城市城区内部，承担主要板块、枢纽之间或板块内部的通勤性联系	设计速度：≤160km/h 站间距：0.5~1km	高

0.1.2 大型铁路客运枢纽概念及其特征

1. 大型铁路客运枢纽的概念

大型铁路客运枢纽作为综合交通运输体系的重要组成部分，是各种对外交通运输方式及城市交通间实现高线衔接和一体化换乘的主要环节，是提高客运效率的关键和提升服务质量的核心。[1]

《中长期铁路网规划》（2016年修编）提出，优化铁路客运枢纽布局，形成系统配套、一体便捷、站城融合的现代化综合交通客运枢纽。这其中的综合客运枢纽是指按照"零距离"换乘要求，同站规划建设以铁路客站为中心，与城市公共交通、市域（郊）铁路、公路客运、机场等其他交通方式有机衔接，提高枢纽中转及集疏散效率的综合交通体。

随着我国铁路网尤其高速铁路网的建设，大型铁路客运枢纽已经逐渐成为城市对外服务的门户，成为引领城市结构重塑和城市经济新发展极的综合化片区。

2. 铁路客运枢纽的功能组成

铁路客运枢纽的功能构成一般包含铁路设施、市政配套设施和服务设施三类。其中，铁路设施包含铁路站场设施、铁路站房等；市政配套设施分为面向城市内部的城市轨道交通、公共汽电车、社会小客车、出租车、团体包车、网约车、非机动车、行人等设施，以及面向城市外部的航空、水运、公路客运等内容。同时，为有效利用空间，实现各种交通方式的良好衔接，又多以地下空间的方式解决各种交通方式的沟通和联系。

1　黄兆国. 大型铁路综合客运枢纽交通评估方法研究 [D]. 南京：东南大学，2021.

铁路客运枢纽的功能布局方式，随着交通需求以及枢纽与城市关系的演变而不同。从最初换乘功能以站前广场为主要载体的第一代传统车站逐渐向以站城一体、以人为本、功能引领、混合开发为特征的第四代铁路客运枢纽演变（图0-3）。

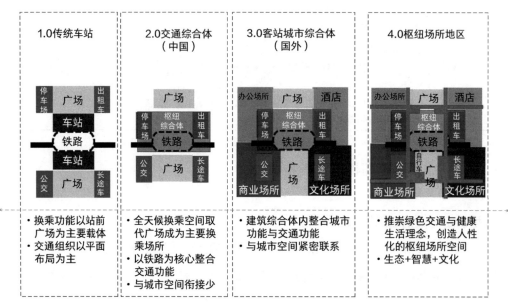

图0-3　铁路客运枢纽功能布局发展示意图

3. 铁路客运枢纽的作用和意义

近年来，交通系统的快速建设发展，为利用交通优化城市形态与结构的构想奠定了良好基础，其中最典型的就是高铁时代到来，铁路客运枢纽日渐成为城市最具活力的地区之一。随着城市道路系统的日渐完善与常规公交系统的全面建设，铁路客运枢纽已成为城市的综合交通中心以及推进未来区域新型城镇化与经济社会发展的重要引擎。因此，枢纽的建设对城市发展的重要性越来越引起广泛的关注。

（1）铁路客运枢纽实现城市内外交通的平行衔接

高速铁路显著增强了城市及区域之间的交通联系，同时枢纽与城市间所建立的联络系统实际上极大强化了综合化站与城的紧密联系，成为实现站城融合的重要基础。一方面，客站通道系统需要全面对接城市道路系统，保障行人、车辆能够快速进入客站。通过合理的交通组织与分流引导，确保行人和车辆有序行进、互不干扰；另一方面，客运枢纽要全面引入城市常规公交系统，并依托客站空间构建立体化的综合换乘体系，其中包括城市轨道交通，如地铁、轻轨、单轨、磁悬浮等，也包括城市常规公交车站、车场及停车场，还包括长途客运、出租车、网约车等其他交通方式的换乘点和站场。这些系统的合理规划设计对客流进行合理分流和疏导，确保其快速通行与高效换乘，维持客运枢纽环境的平稳、有序具有极其重要的作用。

（2）铁路客运枢纽是城市交通的支撑节点

从节点角度分析，铁路客运枢纽作为现代城市的交通节点，既是连接内外交通的纽带，又是优势集合城市交通资源的节点。综合交通衔接换乘的强化又增加了城市公共交通的运营收益。一方面，综合的铁路客运枢纽增强了铁路客站的通达性与辐射范围，可以为客站带来充足的交通客流。另一方面，高效的客站换乘系统提升了民众出行的便利度与选择性，又可以提高公共交通的利用率与运营效益，缓解了政府及常规公交部门的运营压力与财政负担。

（3）铁路客运枢纽是城市健康发展的助力引擎

交通是维系城市健康发展的生命线，铁路客运枢纽作为城市交通门户，通过对城市综合交通系统的引入与整合，使得综合交通节点在以实现内外交通的良好衔接与高效换乘的同时，更有助于推动枢纽及周边地区的开发建设，以激发城市活力、推动区域更新、带动经济发展。因此，站与城在交通、社会、环境等方面的良好协同，有助于铁路客运枢纽成为助力城市健康发展的引擎。在这种背景下，围绕铁路客运枢纽，努力强化触媒效应，乃至形成城市的中心功能，既缓解了因城市过度开发、无序蔓延带来的不利影响，又通过便捷的交通功能带动了城市人口及产业资源的快速流动，将人口、资源引入铁路客运枢纽周边地区，平衡城市人口、优化资源配置，引导城市形态与结构的健康发展。

4. 铁路客运枢纽的设计要点

铁路客运枢纽前期规划设计合理与否是决定铁路客运枢纽能否实现其建设目标的重要前提条件。这就需要在其前期制定明确的规划目标策略与技术路线。在具体的工作中，一般包括城市或区域层面的综合交通和枢纽布局规划、枢纽及周边的整体规划、枢纽区域的综合交通规划、枢纽核心区交通设施布局及交通组织规划、枢纽交通设施及其一体化的设计以及枢纽核心区综合利用部分的规划与设计第六个主要部分（图0-4）。这样可从宏观到中观再到微观的设计流程实现综合枢纽从构想到工程实践的过程。

（1）综合交通和枢纽布局规划

铁路客运枢纽是铁路客运的保障性基础设施，其规模、布置形式首先应满足生产、生活的需要，同时做到功能协调、经济合理、远近结合。铁路客运枢纽布局规划应综合运输需求及路网规划，在充分研究枢纽地区各线路接入规划的基础上，开展运量预测、规模预测、能力核算等研究，以路网功能、客货运输作业为目标进行铁路客运枢纽布局规划。

（2）枢纽及周边整体规划

铁路客运枢纽周边的整体规划，是指通过梳理区域发展上位规划，综合考虑区域经济发展形势及高铁经济的带动作用，从区域一体化视角出发，判断枢纽的发展使命。这通常包括地区宏观发展战略研究、枢纽区域发展定位研究以及车站枢纽发展定位分析等。

（3）枢纽区域综合交通规划

枢纽区域综合交通规划是在分析区域各运输方式交通需求的基础上，综合考虑枢纽功能、运输现状、交通衔接等因素，针对区域城市轨道交通系统、周边道路交通系统、城市交通系统等方面作相应的规划调整。

（4）枢纽核心区交通设施布局及交通组织规划

枢纽核心区是指在铁路站房周边的一定范围，一般为5～10min的步行范围内，主要负担各种交通方式之间的换乘功能、机动车集散功能及具备一定城市功能的地区。交通设施布局是指枢纽核心区内各种交通工具的相互关系，包括位置、规模比例、衔接方式以及交通流线组织等，做到与铁路本身的要求衔接，与城市发展需求对应。

（5）枢纽核心区城市设计及现场实施方案

枢纽区域具有功能多样、交通繁杂等特征，因此区域规划设计需充分整合空间、土地及交通等多种要素，"站城一体"发展思路的引入更使得枢纽核心区不拘泥于车站本身的建设，将街区尺度引入车站区域，增强车站的城市功能和交通空间城市化。这导致枢纽核心区须统筹的要素特别多样，需实现的目标特别多元，因此在枢纽核心区通常也会编制以实施和统筹为目标的核心区城市设计或专项实施方案。

（6）枢纽核心区地下空间规划

由于地下空间建设的不可逆性，且地下设施工程在空间协调、建设时序差异等方面的复杂性，有必要开展枢纽核心区地下空间规划研究。枢纽核心区地下空间规划大体研究思路为通过调研现状枢纽核心区地下空间现状，梳理上位规划，包括地铁、道路、市政、人行、商业、停车等内容，提出枢纽地下空间规划原则，统筹协调各种设施地下空间布局，提出地下各层空间布局，并给出地下空间规划设计专项建议。

图0-4 铁路客运枢纽设计技术路线示意图

0.1.3 大型铁路客运枢纽建设面临的新变革

1. 区域经济联系和高铁出行特征的变革

多层次高速铁路网络的建设，进一步加强了城市群大中小城市的均衡发展。以长三角地区为例，以沪宁、沪杭、京沪等高速干线和城际铁路网所形成的聚合效应不断强化，跨城市经济联系和产业分工不断增强，企业总分关联度进一步提升，大中小城市交通联系日益紧密，都市圈和同城化效应突出，显著促进了城市群的空间网络扁平化。与此同时，随着区域一体化的不断推进，人的活动范围不断扩大，开始从"城市"走向"区域"，跨市城际人群规模日益增大。据中国城市规划设计研究院长三角大数据平台统计（2018年10月），长三角跨市通勤人数达346.8万人次/日，工作日跨市商务出行达362.7万人次/日，小长假跨市休闲出行达553万人次/日。跨市/城际商务、通勤、休闲出行规模的不断扩大，对铁路便利性的需求愈发强烈，铁路出行实现从"低频次、长距离、低时间价值"向"高频次、中短距、高时间价值"的显著转变。

2. 站域开发与站城一体的趋向

站城一体开发，其本质是以车站为中心的紧凑型城市开发，是车站和城市相辅相成、实现共同发展结构的开发模式。近年来，我国持续推进铁路客运枢纽及周边区域的一体化开发。

2014年，《国务院办公厅关于支持铁路建设实施土地综合开发的意见》（国办发〔2014〕37号）指出，国家支持铁路建设与新型城镇化相结合，支持现有铁路用地综合开发，鼓励新建站场土地综合开发。2018年4月，国家发展改革委、自然资源部、住房和城乡建设部以及中国铁路总公司联合印发《关于推进高铁站周边区域合理开发建设的指导意见》（发改基础〔2018〕514号）提出，高铁车站周边开发建设要突出产城融合、站城一体，与城市建成区合理分工，在城市功能布局、综合交通运输体系建设、基础设施共享共建等方面同步规划、协调推进。两版《意见》体现出我国对高铁与城市协调发展的重视，为我国未来高铁车站周边开发指明了发展方向。

在实际规划设计中，"站城一体"开发模式已经成为推动城市持续活力的最有效方式。这种模式借用高铁站点的土地价值优势，通过在站点周边布设商务办公、商业、公共服务配套和居住等功能吸引大量人流，引导滚动开发，推动片区经济发展。借助于铁路站点与周边功能的一体化，促进站点土地的经济价值增加，使得土地效率最大化，从而拉动相关区域的经济发展，确保城市整体的持续健康。从国内外发展来看，典型枢纽型城市的发展经验表明，站城一体化标志城轨融合开发进入一个新阶段。例如，中国香港西九龙枢纽片区，以轨道枢纽为中心的"站城一体开发"，将交通节点的车站空间与城市开发建设合为一体，形成集约化发展的城市区域中心。复合多元的土地利用、高强度的开发、高效营造的公共交通体系、高品质的公共空间与服务（"一复三高"），促进了人流集聚，激发了城市活力，促进了产业繁荣发展。

3．建设导向向运营导向的转变

当前，国内各城市为满足铁路发展需要，在铁路基本建设投资的基础上进一步加大了地方财政支出力度，通过大力建设现代化综合交通枢纽，力图构建依托高铁的城市中心，尽可能享受高铁所带来的经济红利。

然而，当前我国在铁路客运枢纽综合开发方面的相关配套政策较为薄弱，特别是开发过程中至关重要的用地调整政策、土地分层使用政策、地下空间开发政策等，缺乏相应的技术标准与细则。同时在管理体制上，存在开发主体难以明确，政府、开发商和相关地权者责任不清、权利不明，开发过程缺乏统筹协调等问题。而铁路客运枢纽"站城一体化"开发是一个涉及多利益主体、多用地类型的复杂系统工程，建立一体化的政策体系与管理机制对于预期目标的实现必不可少。因此，这要求铁路客运枢纽从建设导向向运营导向转变，从"粗放化管理"向"精细化协同管理"转变。

4．人本主义、绿色建筑新理念的导入

近年来，我国持续关注提升客运枢纽旅客的出行品质。人本主义、绿色低碳的理念也

逐渐导入枢纽建设开发中来。

2016年5月,国家发展改革委印发《关于打造现代综合客运枢纽提高旅客出行质量效率的实施意见》,指出我国综合交通枢纽在运输效率、服务水平、换乘接驳等方面存在的问题,制定了包含各种交通方式之间换乘衔接的技术要点,并提出相关技术要求和建议,这体现出对提升综合客运枢纽旅客出行品质的重视。

2019年4月,中国国家铁路集团有限公司对铁路客站建设提出了"畅通融合、绿色温馨、经济艺术、智能便捷"的16字客运站建设总要求,特别强调了站城融合、站城一体的规划设计理念。

0.2 研究对象——太原南站综合客运枢纽

0.2.1 南站枢纽概况

太原南站枢纽,地处山西省太原市区东南角,距离省政府、市政府、高新园区、长风街商圈、武宿机场等重要区域的距离均小于10km,是中国铁路太原局集团有限公司管辖的一等站,是国家铁路"十一五"规划中石家庄至太原铁路客运专线的重要配套工程、太原市的标志建筑车站(图0-6)。

太原南站枢纽于2008年12月28日开工建设,2014年7月1日投入运营。截至2020年10月,太原南站枢纽占地面积约42.7万m^2,总建筑面积约15.7万m^2,其中客运站房建筑面积4.9万m^2,包含了铁路、城市轨道交通、长途客运、常规公交、社会车辆、出租车等多种交通方式,是山西省最大的铁路客运站。

太原南站车场规模为10台22线,可同时办理郑太铁路、太焦铁路、石太铁路、石太客运专线铁路、太银铁路以及太原铁路客运枢纽西南环线、大西高速铁路的客运业务,是山西省重要的交通枢纽之一。

太原南站枢纽分为东、西两个广场,东广场定义为文化休闲广场,西广场定位为商业商务广场。东广场包含枢纽接驳场站、长途汽车站等功能,是枢纽的辅助广场。西广场包含地铁车站、交通接驳场站、周边配套市政设施、物业开发等功能,是枢纽的主要广场(图0-5)。

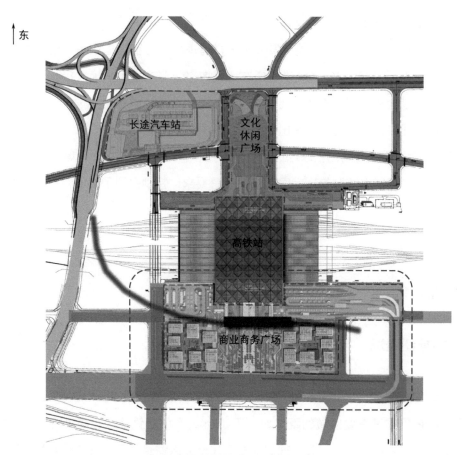

图0-5 太原南站枢纽功能分布示意图

0.2.2 太原南站枢纽的建设历程

2008年12月28日,太原南站正式开工建设。

2009年9月17日,太原南站主站房(西站房)开始进行钢结构屋顶吊装施工;11月1日,太原南站主站房(西站房)的主体结构完成封顶;12月,太原南站开始高架站房钢结构焊接施工。

2010年1月17日,太原南站开始试验桩施工;2月4日,太原南站进入正式施工阶段;3月18日,太原南站进行桩基施工;3月28日,太原南站旅客地道工程的边墙、顶板、引道施工全部完成;4月,太原南站进入粗装修阶段;5月中旬,西站房区域、桩基及地源热泵施工基本结束;7月16日,太原南站西站房和高架候车厅钢结构封顶;8月1日,太原南站地下结构开始封顶;9月8日,太原南站进入屋面钢结构施工阶段;9月9日,太原南站站房主体钢结构全面封顶;9月29日,太原南站西站房地下结构全部封顶;10月20日,太原南站项目进入关键实施阶段；10月30日，太原南站西站房主体结构封顶。

2012年底，太原南站西广场地下交通枢纽工程主体全部完工。

2013年8月20日，太原南站线路拨接施工完成。

2014年4月10日，太原南站主建筑完工并进入调试阶段；6月7日起，大西高速铁路太原南至永济北进入运行试验阶段，开始不载客试运行；7月1日，太原南站投入运营。

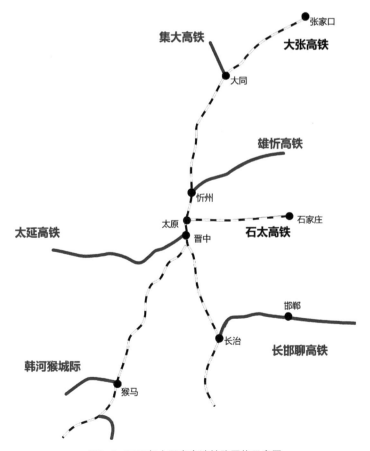

图0-6　2021年山西省高速铁路网络示意图

2016年4月，太原南站东广场及配套路网工程开工。

2019年7月25日，太原南站东广场投入运营。

2020年8月30日，郑太客专接入太原南站。

0.3 内容概述

0.3.1 本书编写目的

太原南站枢纽的建设，承担着重要的区域发展战略职能。太原作为山西省"沟通南北、承东启西"的区域中心城市，发挥着中部崛起"北引擎"的龙头作用，在山西省经济发展中发挥举足轻重的作用。基于太原"南移西进、扩容提质"的城市发展战略，依托便捷的区域交通优势，太原南站片区规划为太原市的城市副中心，太原南站枢纽是区域重要的交通枢纽和城市门户，是带动城市片区发展的重要引擎。太原南站战略地位重要，是本书将太原南站枢纽作为研究对象的重要原因。

太原南站枢纽是一个规模较大的综合性系统工程，需要规划、建筑、交通等众多学科在规划建设中的共同参与。同时，由于太原南站枢纽在地形、交通等方面的独特条件，也导致了设计方案的多次调整。因此，从多个角度还原太原南站枢纽的详细规划、设计过程，以期对国内外类似铁路客运枢纽的规划设计起到借鉴与参考意义，是本书编写的重要目的之一。

在本书的编写过程中，太原南站已经运营了近十年。当年方案规划设计的初衷与理念是否得以体现，是否为枢纽的具体运营以及旅客提供帮助，也是本书作者所希望了解的。因此，在本书编撰之前，作者团队对太原南站枢纽运营单位进行了深度访谈，从运营管理以及旅客使用反馈两个方面进行了全面评估，实现了一次理论与实践的双验证。调研的相关情况，在本书中对应章节均有体现。总结、提炼经验，对国内外类似项目起到参考意义，亦是本书编写的重要目的之一。

0.3.2 各章节内容

本书以太原南站枢纽为研究对象，深入还原了枢纽规划设计过程中的详细技术过程，涵盖了从区域规划、客流预测、枢纽布局、公共空间、综合开发、建筑设计以及投融资等全流程，具体如下。

第1章，由来——城市发展视角下的太原南站枢纽。该章首先从太原城市发展视角，对太原南站枢纽的场站选址历程及枢纽功能的确定进行了回顾。其次，从综合交通规划角度，介绍了太原南站在国家、山西省以及太原市层面的综合交通地位。

第2章，支撑——空间规划历程视角下的太原南站枢纽。该章主要回顾了太原南站片区的控制性详细规划编制历程以及在各阶段中太原南站的定位变化。同时，介绍了太原南站片区在控制引导下的城市设计方案，并对比了实际实施情况与规划的差异。

第3章，规模——太原南站交通枢纽的客流预测与分析。客流量预测是城市综合交通枢纽规划与设计过程中的重要组成部分。该章首先介绍了交通枢纽客流预测的基本方法，包括交通枢纽对外客流预测、枢纽对外交通方式集疏运结构预测以及枢纽周边用地开发产生的交通出行客流预测三类对象。其次，介绍了场站类设施配置基本规模的预测方法，包含常规公交、出租车、社会车辆以及长途客运四类交通方式。最后，基于客流及交通场站预测方法，介绍了太原南站枢纽的客流预测及各交通场站规模预测结果。

第4章，布局——太原南站枢纽的综合换乘系统组织。不同交通方式之间的便捷换乘是铁路客运枢纽发挥其交通枢纽价值的基本支撑条件，换乘体系的设计是决定交通枢纽布局设计的核心骨架。该章首先介绍了太原南站枢纽综合换乘体系的设计基础、设计理念、功能布局以及流线组织设计情况。其次，提炼了基于太原南站枢纽自身独特特征的换乘创新设计亮点。最后，通过对实际运营情况的调研与采访，归纳对后续设计的经验。

第5章，塑造——太原南站枢纽的公共空间设计。综合交通枢纽公共空间是城市公共空间中特殊的组成部分，它是城市对外与对内交通系统的转换节点。枢纽公共空间由于城市要素的大量集聚而呈现出空间复杂的特点，根据所处的环境类型可进一步划分为室外公共空间与室内公共空间。该章首先概述了枢纽公共空间的相关理论基础，然后分别从站前广场、站城一体的公共空间以及地下公共空间三个层面介绍了其各自的理论基础及太原南站枢纽在对应各公共空间的具体设计理念与成果。最后，从全局角度审视思考国内大型交通枢纽公共空间设计中普遍存在的问题，并提出在有限条件下的公共空间设计新理念。

第6章，提升——太原南站枢纽的综合开发与利用。随着2013年《国务院关于改革铁路投融资体制加快推进铁路建设的意见》（国发〔2013〕33号）以及2014年《国务院办公厅关于支持铁路建设实施土地综合开发的意见》（国办发〔2014〕37号）的发布，国家层面开始重点关注并指导铁路建设并鼓励对铁路车站周边区域实施综合开发和多元化经营，以达到提升铁路运营效益、改善铁路客运服务质量的目的,并最终促成铁路建设和城市发展的良性互动机制。该章首先从理论层面探讨了高铁站点周边土地综合开发的意义、理论以及常见的开发难点。其次,详细剖析了太原南站枢纽站前综合开发的设计过程、设计理念、成果以及创新亮点等内容,以期对国内高铁站点周边土地综合开发利用提供参考。

第7章,探索——太原南站枢纽的建筑技术创新。太原南站枢纽项目建筑规模大、投资大、影响力大,在项目建筑方案设计时,充分考虑了项目建设成本、建筑功能适用性、新技术新材料应用以及建筑空间效果优化等因素的影响,并获得3项专利,部分创新成果在其他项目中得到广泛应用。该章详细剖析了太原南站枢纽在通风空调系统、给水排水、供电配电、建筑结构等细分专项的详细设计及重难点,对同类型项目具有极强的借鉴意义。

第8章,优化——太原南站枢纽的投融资与建设模式。铁路服务和铁路客运枢纽的(准)公共产品属性决定了政府对其投融资的主导地位。同时,由于铁路客运枢纽的资本密集型、前期投资大、回报周期长等特点,在政府财政资金投入的基础上,需要引入合理的资金筹措和收益分配机制,来保障枢纽的可持续融资和建设运营。该章首先介绍了国内外铁路客运枢纽的投融资模式,其次详细还原了太原南站枢纽的投融资体制机制、建设模式以及创新点,希望对了解大型铁路客运枢纽投融资机制设置具有重要的参考与借鉴意义。

第1章

由来——城市发展视角下的太原南站枢纽

1.1 太原城市发展概况

1. 基本概况

太原市是山西省省会，位于山西省中部，北与忻州市毗邻，东与阳泉市接壤，东南与晋中市相依，西与吕梁市相连。地理坐标为东经111°30′~113°09′，北纬37°27′~38°25′。

太原市地处晋中盆地，东、西、北三面环山，中、南部为河谷平原，整个地形北高南低呈簸箕形，东西横距约144km，南北纵约107km。

太原总面积6988km²。截至2020年6月，太原市辖6个区、3个县，代管1个县级市，另辖1个县级单位。根据第七次人口普查数据，截至2020年11月1日零时，太原市常住人口为530.4061万人。

2. 经济社会发展水平

2020年，太原市实现地区生产总值4153.25亿元，前三季度增长0.1%，全年增长2.6%。三次产业呈现同步增长的态势。其中第一产业实现增加值32.24亿元，增长3.7%，拉动GDP增长0.03个百分点；第二产业实现增加值1504.19亿元，增长3.0%，拉动GDP增长1.15个百分点；第三产业（服务业）实现增加值2616.82亿元，增长2.3%，拉动GDP增长1.42个百分点。

1.2 城市总体发展视角下枢纽地区规划

1.2.1 总体规划回顾

截至目前，太原市进行过四次城市总体规划修编和两次调整，分别为第一版（1954—1974年）、第二版（1983—2000年）、1989年对第二版进行调整、第三版（1998—2010年）、2004年对第三版进行调整和2011年第四版。

在《太原市城市总体规划（1954—1974）》中，太原市确定城市性质为"山西的工业区中心，全省政治、经济、文化中心"，构建"以府城为依托，向外发展的方格网棋盘式道路骨架"的规划方针。该版总体规划在空间布局上体现了"中间居住，外围工业区"的居住工业分离的基本思想，反映了太原市重工业城市的基本特色。同时，在汾河东岸靠近府城的西南部迎泽大街两侧规划一个市中心，以火车站至规划河西文化宫（迎泽大街）为城市发展主轴，以中南部文化休憩公园至太钢及迎新居住区（新建路）为城市发展副轴，形成一个单中心的城市空间布局形式。

1989年，太原市对第二版总体规划进行了调整，对太原市的定义调整为"城市中心区以居住区及第三产业为主，外围为第一、二产业区"的总体空间布局。同时，规划按自然沟河、城市主干道进一步将太原市划分为"各具特色、设施配套齐全、工作休闲自我平衡"的10个城市分区与外围6个独立组团，通过便捷的交通彼此紧密联系。规划将纵横相交的迎泽大街、滨河东路确定为城市的主轴线，主要安排公共建筑，配以汾河两岸绿地，形成独特的城市空间形象。规划传统的商业集中地段钟楼街、柳巷建为全市的商业服务中心，迎泽大街的主轴线功能进一步加以强调，从火车站延至南寨。

第三版总体规划确定了城市发展轴形成迎泽大街和汾河"一实一虚、一横一纵"两条主要轴线，新增长风大街主干道作为城市东、西向的实轴，调整形成"两实一虚"的城市空间结构。规划对于太原市城市空间规划仍坚持了"组团式"布局原则，由市中心区的12个分区和3个新区共同组成。在《太原市城市总体规划局部调整（2004—2010）》中，将"北营仓储区组团"的定位调整为"铁路客运门户和仓储物流中心"。该版总体规划调整共确定了13个省市重点项目，包括太原铁路客运南站周边地区建设、公路货运主枢纽、基础设施等。这是太原南站枢纽第一次在城市规划中作为一个重要的城市节点出现。

1.2.2 同时期的城市总体规划

新一版的总体规划特别强调了以都市区建设为平台，加强市域尺度内协调发展，并指出太原市与周边城市及地区之间联系更加密切的同时，在产业发展、生态环境、基础设施和建设用地空间等方面也凸显了一些问题和矛盾。比较突出的有两个方面：一是太原市区与晋中市区的关系，即所谓的"太原晋中同城化"问题；二是太原与其他市县以及相关区域内其他市县之间的协调发展问题。因此，需要通过城市总体规划中调整大型基础设施的建设，加强与这些地区的协调，提高城镇群的综合竞争力，同时确定太原在一段时期内发展的重点以及工作目标。

围绕中心城区"退二进三"战略，规划提出了积极调整产业结构，形成以都市区为中心的梯次产业结构布局的思路。在空间规划中提出结合西部地区通道建设，积极挖掘旅游资源，整合自然、人文资源，充分融入太原市域旅游体系。通过完善市域立体交通网络体系规划，加强各区县间立体交通联系，密切远郊区县与中心城区的联系。

该规划明确加快太原晋中同城化发展进程，建立跨市的协商沟通机制作为重要方式，推动太原和晋中市区由区域经济一体化向城市全面一体化方向迈进，共同打造太原都市区和太原都市圈的核心增长极。

规划提出两市共建新材料、高新技术产业、先进制造业基地和现代物流园区。太原市突出产业的研发与中试功能，引导都市圈产业升级，同时推动太原经济技术开发区、晋中经济开发区、榆次工业园的分工协作，加快形成专业性产业集群。围绕交通枢纽，共同推动现代物流业发展的规划要求。

整合太原和晋中两市的旅游资源，规划还提出共建山西中部地区的精品旅游线路。在太原南部新城和晋中市区共建面向太原都市圈的旅游服务集散中心，协调旅游接待服务、旅游中介服务、信息服务和旅游管理功能。

规划特别提出要统筹对外交通系统建设，太原铁路客运枢纽的攻坚是其中的核心工作，包括协调同蒲铁路四线、大西铁路客运专线等线路的选址和建设，以及太原—郑州铁路客运专线的通道预留。

在此基础，规划提出应加强区域公路和城市道路网系统衔接，重点包括太原预留东部高速公路通道、化章街、规划南快速路等快速、主干路网与晋中市区规划路网的衔接等各方面要求，以期构建一体化发展的区域公共交通系统，统筹两地城市轨道交通、公共交通系统的建设与运营。

1.2.3 同时期总体规划中的南站枢纽

虽然彼时高铁和南站尚在筹划中，但同时期的总体规划对南站枢纽进行了明确的功能分区并将其作为枢纽及地区发展的关键支撑。2011年，第四版总体规划明确了新机场枢纽和3处主要铁路客运站（表1-1）。保留现状的太原火车站，未来将组织普速列车到发兼有高速客运专线；新建太原南站（北营站）作为主要高速铁路客站（兼有普速客车等其他线路）；规划预留太原西客站（义井站）作为辅助客运站点，加强对汾河西部地区服务。

各枢纽的衔接功能与占地面积　　表1-1

	衔接功能	规划占地（hm²）	备注
规划太原新机场枢纽	轨道快线、高铁客专、常规公交、公路、小汽车	4.0	随太原新机场选址统一规划、建设
太原站综合枢纽	普速铁路、城市轨道、常规公交、公路客运	2.9	近期保留公路长途功能、远期逐步转移
太原南站（北营）枢纽	高速铁路、城市轨道、常规公交、公路长途	6.0	随北营高铁站同步建设、一体化运营
太原西客站（义井站）枢纽	铁路、常规公交、城市轨道	2.0	随南环线和铁路西站同步建设，同时为可能衔接的城市轨道预留空间
合计		14.9	

为落实太原晋中一体的总体设想并顺应太原南站枢纽的发展机遇，总体规划特别强调当期的城市近期建设重点设施为太原南站枢纽所在的南部地区，并特别强调建设的重点为长风文化商务区、龙城新区和北营地区。城市发展的副中心要利用太原南站的建设契机，构建枢纽型商业商务核心区，将北营地区建设成为城市副中心。

1. 2006—2020年土地利用总体规划

彼时的土地利用总体规划是空间资源配置的重要风向标，在这一版的土地利用规划中也强调了基础设施用地布局在土地利用布局优化中的重要性。规划要求统筹不同交通方式，完善区域交通路网和设施布局。规划期内，重点推进太原市通往石家庄、西安、大同、银川、兴县、运城、静乐、岚县的铁路通道和太原市通往佳县、平定、祁县、吕梁等地的公路通道建设，加快完成境内太原铁路环线、太原南站等铁路设施建设和太古、太佳等高速公路建设，完善境内干线公路网，努力使太原市成为承东启西、沟通南北的区域交通枢纽和具备较完善城乡客货运输体系的畅通城市。保护现有水系，加强防洪设施建设，推进灌区水利改造和农村饮水保障体系建设，开展水生态系统保护和修复工作，提升区域水资源保障程度和利用率。

2. 2020—2035年国土空间规划

作为首批编制主体，2020年国土空间规划替代原有的城乡规划管理体系，成为新时期规划建设领域的重要时代背景。2021年3月1日，山西省自然资源厅公布《山西省国土空间规划（2020—2035年）》（公众征求意见稿），其中强调筑牢"两山七河一流域"为骨架的国土空间保护修复格局，重点推进太原都市区发展，加快三大省域副中心发展，全省生态空间按照生态保护红线和一般生态空间进行管控。突出强调协同发展，加快三大省域副中心发展。支持大同市、长治市和临汾市建设省域副中心城市，促进晋北、晋东南和晋南地区的人口和产业向三大副中心集聚和合理布局，加快快速交通网络建设，实现与周边城镇一小时通达，促进与周边城镇产城融合、职住平衡、资源互补、服务共享。规划中强调培育壮大六大市域中心，形成朔州市、忻州市、阳泉市、吕梁市、运城市、晋城市六大一体化发展区，适度推动空间扩容，加强中心城区与周边半小时范围内城镇的快速交通联系，培育周边城镇特色功能组团，引导周边人口和产业功能集聚。

1.2.4 太原市综合交通体系规划介绍

为配合城市总体规划，太原市在1995年就开展了第一次城市综合交通规划，这也是全国最早一批系统化开展的综合交通规划的城市。彼时的太原南站枢纽尚未规划落实。到2003年，太原市启动了新一轮的城市综合交通规划，提出了"以公共交通为主导、小汽车适度发展、多种交通方式共存"的交通发展模式。同时，综合交通总体发展确定了将太原市打造成为区域综合交通枢纽城市，成为"一带一路"与"京津冀"的联系纽带和承东启西、贯穿南北的重要枢纽的构想；规划提出构建一体化的都市区综合交通体系，促进太原都市圈的协调发展；构建绿色低碳交通城市，创建宜居、宜业、宜行的幸福太原的总体目标。至此，太原已初步确定了综合交通系统概念，交通规划体系首次将铁路南站列入交通规划中。规划分析了彼时太原对外交通枢纽分布不均衡，难以适应城市发展的情况。从当时客运站分布看，其中4个集中在建设路和火车站周围，位置偏东偏南，汾河以西只有1个客运西站，空间分布不均衡。客运站大多分布在城市主要交通走廊上，对城市交通干扰较大。虽然太原市已经规划了东、南、西、北、东南5个汽车站，但只有客运东站完成了建设，并已经投入使用。客运北站和西站正在建设中，而东站、南站正在进行选址中，实际上不能满足城市南拓的发展要求。从铁路客运枢纽看，太原站、太原南站和太原东站主要位于城市东部地区，而城市西部以及新规划的新城组团明显缺乏铁路对外交通的服务。

2010年，太原市启动了第三次城市综合交通规划。在这一版规划中特别提出了"强化高铁站、机场等重点客运枢纽建设，提升太原交通枢纽地位"交通发展的新策略。规划要求结合铁路新建、改线，改造太原南站枢纽，形成环状结构，加强太原铁路交通枢纽地位及对外辐射；努力将太原武宿机场建设成区域性枢纽机场，形成以太原机场为中心，长治、运城、大同机场为基地的全省航空运输机场格局，为促进山西省经济结构调整以及全省经济、科技、文化及旅游产业的发展，作出积极贡献；完善机场交通支持体系，完善机场与重要城镇及产业园区的便捷交通联系，提高机场的交通可达性，增强机场服务功能。

在这次的综合交通规划中，根据最新城市总体规划和铁路部门发展要求，规划太原铁路客运枢纽西南环线，以期完善太原铁路客运枢纽建设，改善枢纽运行组织、提升铁路客运枢纽综合服务水平。同时，在发挥铁路系统拉动并服务于区域经济发展和城市、城际客运等方面发挥重要作用。枢纽西南环线北起汾河站，经西山支线和东晋支线走廊至城区西部，呈南北向穿越晋源、晋祠，至新建北六堡站与建设中的太中银铁路衔接，构成闭合环线。

根据最新太原铁路客运枢纽规划，枢纽北起同蒲铁路南塔底站，东至现有石太铁路榆次北合流站，南至太焦铁路郝村站、南同蒲铁路东阳站，西南至规划太中银铁路刘家堡站，西北至规划太兴铁路西张站。规划主要客站3处：现状太原站、规划太原南站（高铁站）、规划太原西站（义井站）。其中，太原南站作为未来主要的高速铁路客运站，仍将在未来太原市对外交通发展与内外交通衔接组织中发挥重要作用。太原南站规划建设成为"特等站"，预计成为10台22线、占地45hm^2、规模列华北地区第三的大型车站和综合交通枢纽。南站位于太原市区东南部，东临高速公路环线，西接现状武宿机场，北临长风大街，具有较好交通区位。规划南站远景旅客发送能力达到4000万人次/年，规划办理南北同蒲、太焦、石太、石太客专和太中银铁路以及太原西南环线、大西客专等线路旅客列车始发、终到及停站通过作业。

太原国家公路运输枢纽总体规划　　　　　表1-2

序号	站名	站级	规划能力（万人次/日）	功能
1	太原客运站	一级	1.0	服务太原火车站铁路旅客集散运输，兼顾区域内及市内旅游出行综合换乘需求
2	太原客运东站	一级	1.2	阳泉、石家庄等东向跨省跨市长途客运
3	太原客运北站	一级	1.5	忻州、大同、内蒙古自治区等北向跨省跨市客运
4	太原客运西站	一级	2.2	吕梁、山西省等西向跨省跨市客运
5	太原客运南站	一级	2.0	长治、晋城、武汉、郑州等南向跨省跨市客运
6	晋阳旅游客运站	一级	1.0	提供旅游专线运输及综合信息服务，承担西南向跨市旅客发送任务
7	北营客运站	一级	1.5	高速铁路旅客集疏运任务及市内综合换乘
8	预留新机场	一级	1.0	服务区域内机场客流衔接与换乘

在彼时的太原铁路客站中，太原站是最主要的城市对外客运枢纽，规划将主要通过现代化改造后进一步提高其旅客发送能力至2500~3000万人次/年，随太原南站功能完善，太原站将主要办理普速客运列车的始发、终到等业务。规划太原西站（义井站），作为服务于太原市区汾河以西地区的主要客运站，主要服务于市郊客运铁路和城际客运轨道系统，预测远期客运发送能力为800~1000万人次/年。

根据《太原国家公路运输枢纽总体规划》，预计至2020年，太原市公路客运站日均发送量10.4万人次/日，构成由七个客运枢纽站组成的国家公路客运枢纽场站系统。规划建议结合未来太原新机场规划选址，预留一处服务于机场的综合客运交通枢纽，方便机场提升对区域内主要客源地的辐射与服务（表1-2）。

综合未来区域发展和城市交通发展需求，建设衔接对外、对内客运交通方式的综合换乘枢纽，主要包括规划太原新机场、太原站、太原南站、太原西客站（义井站）、公路客运北站、公路客运南站、公路客运西站和公路客运东站等9处。其中，火车站综合枢纽衔接的常规公交线路应达到20条以上，公路客运站衔接常规公交线路应达到5~10条。

在这个规划的综合交通体系中，汇集多种交通方式的主要综合客运枢纽4处（表1-3）：太原新机场综合枢纽、太原站综合枢纽、太原南站（北营站）综合枢纽、太原西客站（义井站）综合枢纽。

综合客运枢纽规划布局　　　　　表1-3

综合对外枢纽	衔接功能	规划占地（hm²）	备注
规划太原新机场枢纽	轨道快线、高铁客运专线、常规公交线路、公路、小汽车	4.0	随太原新机场选址统一规划、建设
太原站综合枢纽	普速铁路、城市轨道、常规公交线路、公路客运	2.9	近期保留公路长途功能、远期逐步转移
太原南站（北营站）枢纽	高速铁路、城市轨道、常规公交线路、公路长途	6.0	随太原南站同步建设、一体化运营
太原西客站（义井站）枢纽	铁路、常规公交、城市轨道	2.0	随西南环线和铁路西站同步建设、同时为可能衔接的轨道预留空间
合计	4处	14.9	

1.3 综合交通体系中的枢纽节点

1.3.1 由来——国家《中长期铁路网规划（2008年调整）》

铁路客运综合枢纽是铁路网的重要节点，其产生和发展与铁路网的规划建设密不可分。根据国家《中长期铁路网规划（2008年调整）》，为满足快速增长的旅客运输需求，建立省会城市及大中城市间的快速客运通道，规划"四纵四横"等客运专线以及经济发达和人口稠密地区城际客运系统。建设客运专线1.6万km以上。其中，"四横"客运专线青岛—石家庄—太原客运专线，是连接华北和华东地区的关键线路。

山西省根据国家的铁路网规划，结合山西省域和区域发展要求，制定了"山西省'十一五'铁路规划"。规划建设：

（1）晋煤外运通道干支线。新建北同蒲原平—韩家岭四线147km，新建准格尔—朔州铁路216km（其中山西境内127km），榆次—侯马北新建四线300km，新建岢岚—瓦塘49km，新建镇城底—静乐—岚县铁路86.7km，新建沁源—安泽—洪洞—长治铁路200km，新建洪洞—蒲县—隰县铁路123km，新建穆村—石楼铁路55km，新建阳泉曲—

侯家坪铁路23km，新建运城—三门峡铁路40km，新建长治—泰安铁路（山西境内）50km等。

（2）快速铁路网络。新建石家庄—太原客运专线190km，新建太原—中卫（银川）铁路755km（其中山西境内195km）。对北同蒲线和南同蒲线进行扩能提速改造。石太客运专线、太中线建成和同蒲线提速改造后形成十字形山西快速铁路客运系统。

（3）既有线扩能改造。对大秦线进行4亿吨扩能改造，对邯长线、侯西线复线进行电气化改造，对京原线、太焦线进行电气化改造，南同蒲榆次—侯马北新建4线，侯马—华山新建复线和进行电气化改造。完善大同、太原、侯马枢纽的能力配套。对孝柳线、宁静线进行电气化改造，对武左线进行改造。到"十一五"期末全省铁路营业里程为4503km，其中国铁3114km，地方铁路1389km。国铁新增运营里程602km，新增复线里程625km，地方铁路、合资铁路新增运营里程626km。

（4）铁路专用线和大型集运站建设在与国铁干线通道及地方铁路干支线上建设若干条铁路专用线和大型集运站装车基地。

国铁三大通道建设重点如下：

（1）北路通道

① 大秦线扩能改造；

② 北同蒲线扩能改造；

③ 北同蒲线新建韩家岭—原平铁路（北同蒲四线）；

④ 新建朔州—准格尔铁路。

（2）中路通道

中路通道"十一五"重点是石太客运专线和太中银线。

① 新建石（家庄）—太（原）客运专线；

② 新建太（原）—中（卫）银（川）线；

③ 对太焦线、邯长线、邯济线进行改造；

④ 既有石太线改造；

⑤ 京原线电气化改造。

（3）南路通道

① 侯月线扩能改造；

② 南同蒲线扩能改造；

③ 榆次—侯马北新建四线；

④侯西线扩能改造。

（4）南、北同蒲线提速改造

太原市域内铁路网则形成以枢纽环线为核心的"一环、七放射"路网基本格局。其中，"一环"为太原铁路客运枢纽环线，"七放射"分别为太中银铁路、北同蒲铁路、大西客运专线、石太客运专线、石太线、太原至兴县铁路、南同蒲铁路。

根据规划，其中石太客运专线东起石家庄北站，途经河北省石家庄市、井陉县，山西省盂县、寿阳县、阳曲县和太原市，暂时止于太原站，待新建太原南站启用后，规划设站于太原南站。

1.3.2 落实——2010年城市综合交通规划

根据2010年城市总体规划和铁路部门发展要求，规划太原铁路客运枢纽西南环线，将完善太原铁路客运枢纽建设，改善枢纽运行组织，提升铁路客运枢纽综合服务水平。同时，在发挥铁路系统拉动并服务于区域经济发展和城市、城际客运等方面发挥重要作用。

枢纽西南环线北起汾河站，经西山支线和东晋支线走廊至城区西部，呈南北向穿越晋源、晋祠，至新建北六堡站与建设中的太中银铁路衔接，构成闭合环线。

根据最新太原铁路客运枢纽规划，枢纽北起北同蒲铁路南塔底站，东至现有石太铁路榆次北合流站，南至太焦铁路郝村站、南同蒲铁路东阳站，西南至规划太中银铁路刘家堡站，西北至规划太兴铁路西张站。

在规划中设立了3处主要客运站，分别为现状太原站、规划太原南站（高铁站）、规划太原西站（义井站）。其中，太原南站作为未来主要的高速铁路客运站，将在未来太原市对外交通发展与内外交通衔接组织中发挥重要作用。其中，太原南站规划建设成为"特等站"，预计将成为10台22线、占地45hm^2、规模列华北地区第三的大型车站和综合交通枢纽，这是太原南站枢纽规划和等级的重要依据。

1.3.3 完善——2012年南站片区规划

根据总体规划提出的功能定位与要求，太原市于2010年编制了《太原市中心城区XD—06片区（南站）控制性详细规划》（图1-1，表1-4）。在该规划中，南站片区明确规划定位为太榆都市区的重要节点和交通枢纽是以对外交通、居住生活为基本功能，以商务金融、现代服务业等为发展重点的城市东南部现代化门户区。片区总用地1325hm^2，规划总建筑面积为1333万m^2；居住用地控制在350.2hm^{2}以内；居住建筑总面积控制在697万m^{2}以内；居住平均容积率控制在1.99以内；人口规模总量为14万人。

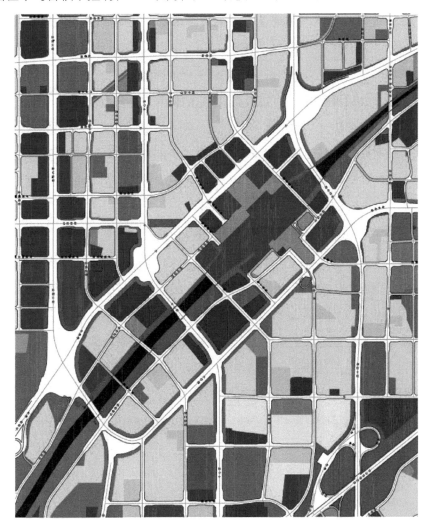

图1-1　太原市中心城区XD—06片区（南站）控制性详细规划图
图片来源：太原市城市总体规划（2011—2020年）

设施用地面积及控制类型　　　　　　　　　　表1-4

设施名称	设施编号	用地面积（hm^2）	控制类型	备注
公交停保场	JT-1	6.04	虚线控制	规划新增
公交首末站（1）	JT-2	1.47	虚线控制	规划新增
公交首末站（2）	JT-3	1.69	虚线控制	规划新增

根据控制性详细规划，为配合片区交通枢纽定位和片区居民出行的需要，片区内规划了一处常规公交停泊场及两处常规公交首末站。其中，这两处首末站结合铁路客运枢纽的规划分别设置在东西广场，满足未来高铁枢纽旅客及周边居民出行需求。为加强枢纽地区多种交通方式的衔接与换乘，规划在南站东侧新增长途汽车站1处，占地5.20hm^2，采用实线控制。

彼时太原城市轨道交通尚未实施，但规划充分认识到大容量客运交通系统是解决枢纽地区交通的主要方式和发展方向，铁路客运枢纽的特殊工程特点使得一旦错过铁路建设周期，再行改建加量难度极大，成本高昂。为此，近期规划中即明确了枢纽配套的城市轨道交通三站两区间布局，近期城市轨道交通线路一号线沿规划太行路穿过规划区，共设置学府东街站、太原南站和中心街站三个站点。这个布局为后续枢纽城市与城市轨道交通体系的无缝换乘奠定了坚实的基础。

根据规划，城市轨道交通建设用地控制红线范围为轨道线路中心线两侧各30m，在控制红线范围内，除去道路、市政等城市基础设施外，其他项目禁止建设。城市轨道交通建设用地控制保护地界为轨道线路中心线两侧各60m范围；在控制保护地界内进行的各类建设工程与项目，应征询太原市城市轨道交通建设管理部门的意见，经过认定后，才能依法办理有关许可手续。规划中的远期城市轨道交通4号线沿龙城大街穿越规划区，共设置龙城大街站和龙城大街东延段站两个站点，远景城市轨道交通6号线沿南中环街接入终点太原南站。沿轨道中心线两侧各60m范围内的开发建设应征得城市轨道交通主管部门的同意。城市轨道交通设施用地中规划一处综合常规公交换乘枢纽，占地1.0hm^2。

第 2 章

支撑——空间规划历程视角下的太原南站枢纽

2.1 规划的回顾

从设想到规划再到实施往往需要一系列的规划与研究工作支撑，这是一个逐步深化、不断修正以及各方利益相向而行并达到妥协的过程。显然在功能更加复杂、工程更为特殊、方案更为多元、目标更为多样的客运枢纽及其周边地区更是如此。回顾起来，太原南站枢纽周边的空间规划主要经历了三个阶段。2007年周边区域发展控制性详细规划，明确了南站片区的发展定位和周边的用地需求。之后进行了一次城市设计方案征集，具体设计了南站片区的整体形象。根据此版城市设计以及后续的需求与要求，对南站的控制性详细规划进行了调整，形成了2011版控制性详细规划，最终指导了南站建设与片区规划的实施。

2.2 地区发展视角下枢纽地区规划

2007年的太原铁路南站片区用地控制规划，对太原南站周边区域的用地规模、用地性质、发展轴线、容积率等进行了控制与指导，制定了南站周边区域的交通网络，确定了周边商业、住宅、公共服务设施等的发展方向，这是本区域规划控制与管理的第一份纲领性文件（图2-1、图2-2）。

南站片区控制性详细规划制定了周边发展规划的主要指标，规划用地规模为13.25km^2，规划区人口规模为12万人，指明了中心街"红轴"和学府街"红轴"，在南站两侧长风东街与中心街形成共建带，开发商务、办公、商贸、娱乐等公共建筑，并设置三条绿轴。

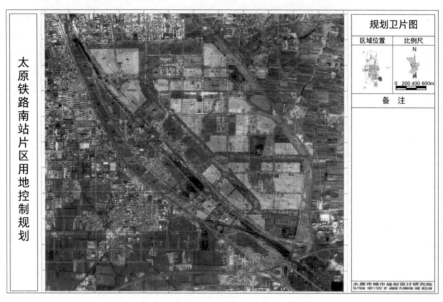

图2-1 太原南站片区用地控制规划图
图片来源：太原市规划和自然资源局

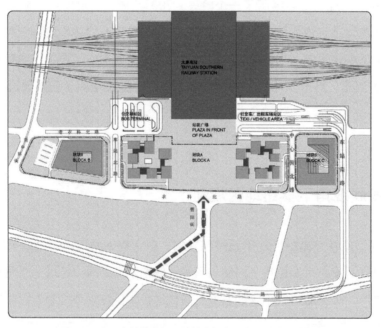

图2-2 太原南站综合枢纽站前广场主要交通流线示意图

控制性详细规划还确定了枢纽片区的规划定位是太榆都市圈的重要节点和交通枢纽，周边建立以对外交通、居住生活为基本功能，以商务金融、服务等方向发展为重点的城市东南部现代化门户区。这一阶段的规划承接了上位规划对本地区的发展定位与要求。依托太原南站，形成该区域的交通中心和商业中心。居住生活区设置三个片区：许东生活区，北营生活区和郑村生活区。另外，规划在太原南站入口处设置两处文化娱乐用地，太原南站东侧设置公园，东西两侧设置城市广场。

在此版规划中，首次明确了太榆路与南站之间进场路的空间。规划的基本方案提出斜向进场，疏解枢纽进出站的瞬时高峰车流，将其对太榆路主干路的影响降到最低，这也是对枢纽地块用地形态、规模规划的初步依据。

在2011年对南站片区制定的新版控制性详细规划中，结合实际的开发需要，对用地规划的商业商务类用地进行了大幅压缩，其中在枢纽周边集中布置商办区，受到开发资金平衡的影响，总体用地中的居住功能用地显著增加。规划取消了上一版控制性详细规划中连续的商业与公建的"红轴"，取消了南站旁边的一片集中绿地，对绿地与公园的配置进行了调整。对路网也进行了相应的调整，取消了太榆路与南站之间的斜向进场路，直接由太榆路垂直进入太原南站。2007版控制性详细规划集中在地块的单侧进行规划控制，2011版控制性详细规划则在两侧均进行了规划控制，使整个片区的规划更为完整。

2.3 站城一体目标下的枢纽地区城市设计

2.3.1 太原市总体城市设计

2019年，太原市组织编制了《太原市总体城市设计（2018—2035年）》（图2-3），这个城市设计是太原市关于开启建设"文明开放富裕美丽太原"新征程的重要战略部署，其中，总体风貌定位为"唐风晋韵，锦绣龙城"。该设计提出了太原市总体发展的方向，提出了构建通山达水的城市格局、修复蓝绿交织的生态环境、彰显古今交融的文化魅力、梳理层次清晰的空间秩序、重塑特色鲜明的龙城风貌和建立充满活力的公共空间六大规划策略。这一版太原市总体城市设计中将太原南站的主题定位为太原市重要门户地标。

2.3.2 太原南站枢纽地区的城市设计

复杂城市地段的控制性详细规划难以通过规范性设计给出规划控制要求，因此为了更好地优化和落实控制性详细规划，对重点地区在控制性详细规划之前以模拟分析未来的开

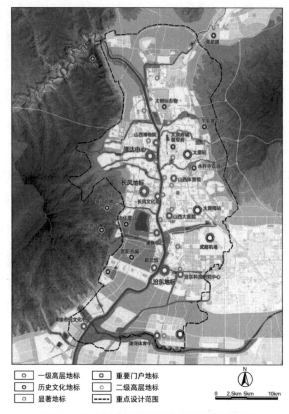

图2-3 太原市总体城市设计图（2018—2035年）
图片来源：太原市规划和自然资源局

发建设状态来编制城市设计是一种常用且行之有效的手段，在复杂的综合枢纽地区尤其如此。在2007版控制性详细规划与2011版控制性详细规划之间，太原市先后组织进行了两版城市设计的工作。由于经验不足以及多种原因，其中一版并未完成，另一版完成度较高。本文以完成度较高的版本为主进行分析。

这个城市设计方案以2007版控制性详细规划为基础，城市设计的理念是力图打造一个独特外观的城市集群，同时与周边的城市模块形成了一个通畅和持续的连接。

设计方案面向西南和东北的两个广场，都具有与周边地块相融合的功能。车站周边的商业和混合功能区还包括大量充满城市生活和公共交流的各种广场，可提升步行体验。周边的高层建筑置于绿化商业带形成城市的地标（图2-4、图2-5）。

在这个城市设计中临近枢纽的混合功能区被认为是公司总部、办公区、服务机构、医疗实践和咨询顾问、饭店及咖啡厅的最佳场所。围绕广场布置的每个区块都配有商业设施的公共区域，并可直接连接到铁路沿线的休闲和运动设施区。

图2-4 太原南站城市设计方案一效果图
图片来源:太原市规划和自然资源局

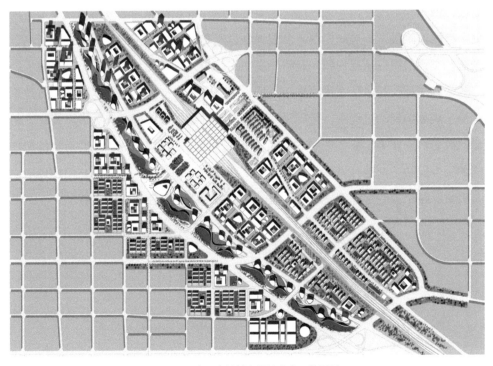

图2-5 太原南站城市设计方案二效果图
图片来源:太原市规划和自然资源局

围绕枢纽的第二圈层被认为是居住区域，该区域内配有公共开敞性的中央设施和绿色休闲公园。

虽然此次城市设计取得了很多共识，并在空间特色塑造、用地功能组织等方面取得了相当多的成果进展，但是由于种种原因，尤其是这个阶段的城市设计都没有重视枢纽交通体系的组织与安排，这导致这些城市设计成果由于交通组织方式逐步落实产生的重大影响而无法落实，因此与其相关的成果在后续设计中也就没有进行延续，但总体而言其对太原南站的总体风貌的把控也对后续的控制性详细规划和枢纽设计产生了积极的作用，是一系列有益的探索和尝试。

2.4 规划与实施的比较

对于太原南站的定位从总体规划到控制性详细规划，再到实施均一以贯之，作为城市的交通枢纽与门户地标，同时也是太榆都市圈的重要节点和枢纽。太原南站总体功能布局与控制性详细规划阶段差异不大，周边主要的居住片区、商业片区大部分已建成，局部地块尚处于待开发阶段；周边的广场、公园绿地以及防护绿地均按照控制性详细规划进行建设与预留；交通组织在从规划到实施阶段发生了比较大的变化，太原南站的主进场路由初始阶段的斜向进场改为了从太榆路直接进场，很大程度上提高了枢纽的整体运行效率。

在整个规划编制的过程中，经历了两版控制性详细规划调整和一版城市设计，从规划到规划的改变再到实施反映了规划方案是一个逐步调整的过程。住宅开发用地的增加与商业设施的减少反映了土地开发的基本需求，交通规划的调整反映了交通与门户形象之间的取舍与考量。整个控制性详细规划过程是一个反复完善、不断推进的过程。

第 3 章

规模——太原南站交通枢纽的客流预测与分析

在城市综合交通枢纽规划与设计过程中，客流量预测是其重要的组成部分。通过对各种方式的客流需求分析，可以为确定枢纽内各类设施的合理配建规模提供依据，为枢纽前期的规划、可行性研究、设计以及枢纽后期的建设、运营提供技术支持。

城市综合交通枢纽是城市机场、火车站、地铁、常规公交首末站、长途客运站等多种交通方式重叠的"节点"，也是城市综合开发强度较大的区域，是涉及多种交通流向和交通方式集中换乘的客流集散点。

枢纽地区的客流预测，首先要深入分析枢纽地区的客流构成，然后考虑枢纽地区各种客流的需求规模及流向。综合来看，城市交通枢纽中乘客的换乘行为主要包括四类：城市外部交通之间的换乘、城市内部交通换乘城市对外交通、城市对外交通换乘城市内部交通及城市内部交通之间的换乘。换乘量的预测是城市交通枢纽客流预测的核心内容，换乘量预测的结果表现为换乘矩阵。通过换乘矩阵，可以获取各种交通方式之间的换乘客流量、各方式的到达总量、发送总量、综合枢纽的总换乘量，这些参数是确定枢纽集疏运系统以及各种交通设施设计的重要依据。一般情况下，城市综合交通枢纽地区的客流预测主要包括：

（1）枢纽对外客运量指标预测：主要是进出机场、火车站、长途客运站等的旅客及接送人员预测。

（2）枢纽对外交通方式集疏运结构预测。

（3）枢纽及周边用地开发产生的交通出行客流：枢纽地区的用地开发，如商务办公楼、酒店、商场、居住等所产生和吸引的客流，包括场站的工作人员的出行客流。

（4）乘客换乘矩阵预测。

3.1 交通枢纽客流预测的基本方法

不同城市或区域，不同性质、不同功能定位的枢纽，其交通流特征不尽相同。因此，掌握、分析枢纽地区现状和未来的交通特征是枢纽地区客流分析的重要环节。对交通枢纽地区的客流预测，有比较成熟的预测流程和预测方法。

3.1.1 交通枢纽客流预测基础资料的收集

1．基础资料的收集

基础资料一般分规划类和基础数据类。规划类资料包括城市总体规划、城市综合交通规划、枢纽地区控制性详细规划、城市道路网规划、城市公共交通规划、城市轨道网规划等。基础数据类资料包括城市人口、人均GDP、人均收入、主要产业和经济结构、年旅客接待量、城市机动车规模、常规公交线路及年乘客规模、对外长途班线数量及发车线路等。

2．交通出行数据的调查

交通出行数据主要包括现有铁路、公路、水路、民航等运输方式历年客运量，公路客运班线数、实载率、客运量等，公路旅客运输流量、流向、时间、距离等的分布；城市居民交通出行特征，包括平均出行次数、交通出行方式结构等，各类用地的出行产生和吸引率，停车泊位周转率等数据。

3.1.2 预测方法

随着预测科学的迅速发展，各种各样的预测方法也不断出现，每种方法都有一定的使用范围，但是它们常常是可以相互补充的。

1．定性预测：依靠具有丰富经验和综合分析力的人员或专家，根据已经掌握的历史资料和现有材料，运用人的知识、经验和分析判断能力，对事物的未来发展趋势做出性质和程度上的判断。然后，通过一定的形式综合各方面的判断，得出预测结论。

常用的定性预测的方法有经验判断法、运输市场调查法等，其中德菲尔法是应用较广泛的定性预测方法。

2．定量预测：在一定的经济理论和数学、统计学原理基础上，利用已经掌握得比较完备的历史统计数据建立正确的数学模型，寻求有关变量之间的规律性联系，用来预测和推测预测对象未来发展变化趋势的一种预测法。常用的预测方法有时间序列预测方法、因果关系方法及概率方法。

3．组合预测：运用两种以上的预测方法，主要是定性方法和定量方法的组合，有时是两种以上定量预测方法的组合。组合预测兼有多种方法的长处，可以取得较好的预测结果。

3.1.3 交通枢纽对外客流预测一般方法

枢纽对外交通客运量是指由水运、航空、铁路、公路等对外运输方式承担并出入市境的客运量，包括各种对外运输方式的发送量、到达量等，其指标一般涉及发送量、到达量、最高聚集人数、吞吐量等。对外交通客运量的预测，是论证枢纽各类对外交通设施规模、服务功能以及开展枢纽集疏运交通预测的前提。其预测过程基本包括以下几个步骤[1]：

（1）根据城市社会经济发展及城镇化水平变化趋势，预测全社会对外客运总量。

（2）分析区域综合运输结构变化特征，根据不同对外交通方式分担比例，预测各对外交通方式客运量。

（3）根据综合交通枢纽中各对外交通方式场站在城市中的空间和布局、功能分工、发送功能等，预测枢纽中该方式场站的到发量。

预测中可使用时间、人口、人均GDP、人均收入、城镇化比率等作为自变量，运用一元回归、多元回归、非线性回归、弹性系数法、人均出行次数法、灰色预测模型等方法进行预测。对于部分大型综合枢纽，其服务影响范围若超越了所在城市范围，还应预测各对外交通方式影响范围内乘客的规模与比例。

3.1.4 枢纽对外交通方式集疏运结构预测

枢纽对外交通方式集疏运结构预测是指对外交通方式的乘客到发枢纽，提前预测各方式所用各类城市内部交通方式的相对密度，一般可根据枢纽所在城市的具体情况，采用经验比例法或者Logit模型进行计算。[1]

1　交通运输部规划研究院课题组．综合客运枢纽项目可行性研究指南 [M]．北京：人民交通出版社，2014．

1. 经验比例法

经验比例法主要是根据城市中既有对外交通方式客运场站中集疏运结构比例的现状数据，参考国内外同类枢纽相关数据，结合专家经验，预测枢纽各对外交通方式的集疏运比例。

2. Logit 模型法

目前，在理论和工程应用中大多采用基于Logit和Probit理论的非集计离散模型。在交通方式选择上，Logit模型成为有效解决方式选择问题的非集计模型的代表。

对于出行分布，可采用"枢纽乘客出行目的划分+同类目的乘客目的地选择"的思路进行预测，应用Logit模型进行求解。

Logit模型是求解此类问题比较成熟的方法，其理论是假设出行者对交通方式的选择符合正态分布。现假定乘客选择第i种交通方式的因素用s_i表示，选择第i种交通方式的概率$P(i)$，则：

$$P(i)=P(s_i \geq s_j), \quad j=1, 2, 3 \cdots \cdots (i \neq j) \qquad （公式3-1）$$

在建模过程中，乘客换乘选择某种交通方式的影响因素主要包括时间、票价、舒适度、安全性、出行习惯等。在应用Logit模型时，一般将这些因素综合为特征函数的线性方程，第i种交通方式的特征函数为：

$$s_i = a_0^i + a_1^i t_1^i + a_2^i t_2^i + a_3^i t_3^i + a_4^i f^i \qquad （公式3-2）$$

式中： t_1^i——换一乘行走时间

t_2^i——平均等候时间

t_3^i——在乘时间

f^i——第i种交通方式的票价

a_0^i——其他因素，包括可靠性、出行习惯等对S_i的影响程度

$a_1^i, a_2^i, a_3^i, a_4^i$——$t_1^i, t_2^i, t_3^i, f^i$的权数

则，第i种交通方式的分担率可表示为：

$$P(i) = \frac{\exp(-\theta_i s_i)}{\sum_{j=1}^{n} \exp(-\theta_i s_i)} \qquad （公式3-3）$$

式中：θ——出行者对交通方式广义出行费用理解差异系数，则乘客由干线运输方式换乘第i种接驳交通方式的比例为$P(i)$，客流为$QP(i)$，Q为干线运输方式客流量

Logit模型是研究各种交通方式选择比例方法中运用得最为广泛的一种理论模型，能够比较全面地考虑出行选择的各项影响因素，但建模过程中参数选取难度较大，详细的市场调研一般包括旅客的收入、时间价格的敏感性、服务质量的要求等，理论界对此也有较多的研究。

3．重力模型法

重力模型法是利用城市交通规划模型中的"四阶段法"出行分布原理进行换乘量矩阵的预测。重力模型的预测需要构建出行阻抗函数进行参数标定，对数据的依赖性也比较大，一般需要收集枢纽所在城市既有客运场站的换乘客流历史数据。

根据对约束条件的满足情况，重力模型可以分为无约束重力模型、单约束重力模型和双约束重力模型三类。

（1）无约束重力模型

无约束重力模型的形式如下所示：

$$X_{ij}=k\frac{T_i^{\alpha}U_j^{\beta}}{t_{ij}^{\gamma}} \qquad (公式3-4)$$

式中：X_{ij}——交通小区i到交通小区j的交通分布量

T_i——交通小区i交通产生量

U_j——交通小区j交通吸引量

t_{ij}——交通小区i和交通小区j之间的交通阻抗函数

α、β、γ、k——待标定的系数

交通阻抗函数是反映交通区之间交通便利程度的指标，是对交通区之间交通设施状况和交通状况的综合反映。因此，交通阻抗参数应选用交通区之间有代表性的交通阻抗指标，一般使用出行距离或者出行时间作为交通阻抗函数。

（2）单约束重力模型

模型要求满足$\sum_j X_{ij}=T_i$，模型的形式如下所示：

$$X_{ij}=T_i\frac{U_j f(t_{ij})}{\sum_j U_j f(t_{ij})} \qquad (公式3-5)$$

式中：$f(t_{ij})$——交通阻抗函数，一般为指数、对数等形式

式中其他的符号意义与无约束重力模型的符号意义相同。

用单约束重力模型进行求解时，通常由于模型计算出的交通吸引量与给定的交通吸引

量并不相同，常常需要进行迭代运算，直至满足约束条件为止，一般误差不大于3%。

（3）双约束重力模型

双约束重力模型需要满足发生、吸引证两方面的约束条件，其模型形式如下所示：

$$\begin{cases} X_{ij} = A_i B_j T_i U_j f(t_{ij}) \\ A_i = \left[\sum_j B_j U_j f(t_{ij}) \right]^{-1} \\ B_j = \left[\sum_i A_i T_i f(t_{ij}) \right]^{-1} \end{cases} \quad （公式3-6）$$

符号意义与无约束重力模型的符号意义相同。

重力模型是现在广泛使用的交通分布模型，对交通阻抗函数的变化有敏感的反映，在没有完整OD数据时也能使用，当交通阻抗很小时，其交通分布量会趋近无穷大，因此不适用于短距离的分布预测。

3.1.5 枢纽周边用地开发产生的交通出行客流预测

城市交通枢纽地区除了对外运输方式吸引客流之外，还包括以下四方面客流，这些客流是预测换乘矩阵中"城市内部交通之间"换乘关系的重要内容，其预测方法如下。[1]

1. 周边开发及配建开发项目吸引客流

当交通枢纽周边或内部配建了一定规模的开发项目时，则需要考虑专程到城市交通枢纽进行消费或工作的客流，其吸引客流量可按该类公共建筑面积乘以商业吸引率进行计算。开发部分的吸引率则根据配建商业建筑的性质、规模，参照相应的标准得到。

分析枢纽地区这类客流分析时，按其用地规划类型，一般枢纽地区用地布局多为居住用地和公建用地两大类，居住用地包括居民小区、公寓等；公建用地主要为具备商业和商务办公特征的公共建筑，主要有商场、餐饮、酒店、商务写字楼、行政管理机关等。这两类建筑具备明显不同的交通出行特征，前者以居民本身的出行为主，加上少量的探亲访友出行，在时间分布上体现出早出晚归的特征，而后者出行由两部分构成，包括公共建筑职员本身的上下班出行及其诱发的商务出行，如商场的购物人流、写字楼的商务洽谈人流等。公共建筑的出行在时间分布上总体呈现出早进晚出的特征。周边用地的客流按上述分类可采用原单位法进行计算，即主要依据居住建筑的居民人数和公共建筑的建筑面积，按

---
[1] 交通运输部规划研究院课题组. 综合客运枢纽项目可行性研究指南 [M]. 北京：人民交通出版社，2014.

不同的出行生成系数，计算其客流的出行值。

（1）居住建筑高峰小时的出行量

$$PA_1 = F \cdot P \cdot \alpha \cdot \beta \qquad (公式3-7)$$

式中：PA_1——居住建筑高峰小时出行量（人次/高峰小时）

　　　F——居住建筑入住的户数（户）

　　　P——平均每户的家庭成员数（人/户）

　　　α——每个居民每日平均出行次数（次/人/日）

　　　β——高峰小时系数

（2）公共建筑高峰小时的出行量

$$PA_2 = \sum_{i=1}^{n} S_i \cdot M_i \cdot (C_i + 2D_i) \cdot \beta_i \qquad (公式3-8)$$

式中：PA_2——公共建筑高峰小时出行量（人次/高峰小时）

　　　S_i——第i种公建的建筑面积（平方米）

　　　M_i——第i种公建单位建筑面积的就业岗位数（个/平方米）

　　　C_i——第i种公建员工每日平均出行次数（次/人/日）

　　　D_i——第i种公建的每员工每日人平均吸引的商务客流人数（次/人/日）

　　　β_i——第i种公建的高峰小时系数

公式3-7和公式3-8中对于不同的住宅楼或公共建筑都有不同的参数取值，即使对于使用性质完全相同的建筑体，在不同的地区或者不同的经营定位，参数值也各不相同。在实际分析中，一般采取有可比性同类建筑的经验值或直接通过项目设施的出行特征调查确定参数的取值，并结合城市综合交通规划调查中的人员出行特征数据进行综合分析。

2. 城市公共交通吸引客流

在一些大型综合交通枢纽中往往汇集了多种交通方式，可达性明显高于一般交通场站，因此会吸引一部分人群选择该枢纽完成出行。这部分客流预测通常需要根据常规公交、轨道交通服务范围内的用地性质、服务人口数，结合居民出行次数、出行方式选择的比例来完成。同时，还需要考虑常规公交线网规划情况，根据不同公共交通线路及站点的服务区域，合理划分城市交通枢纽中城市内部交通的服务范围。

3. 枢纽内部人员通勤客流

枢纽内部通勤人员主要通过不同的城市内部交通方式到达枢纽，因此枢纽内部的通勤客流可根据不同城市内部交通方式的发送量选取合适的比例计算。

3.2 场站类设施配置基本规模的预测方法

综合交通枢纽内各类交通设施的场站用地规模预测与规划预留，是交通枢纽规划的一项重要内容。一般是在枢纽总体交通需求预测的基础上，采用"以需定供"的方法，对综合交通枢纽内场站类设施的规模进行计算分析。综合交通枢纽内主要的交通设施用地主要有常规公交首末站用地、出租车候客场地、社会车停车场等按照不同交通方式的场地用地需求，建立了不同交通方式的场地用地需求预测方法。

3.2.1 常规公交站设施配置用地规模的确定

常规公交站的规模主要包括发车场面积和停车场面积两个部分，可以根据客流量和车辆的需求确定常规公交场站的规模。

1. 发车场面积

发车场的面积计算公式：

$$S_{BA} = \frac{\sum_{i=1}^{n} K_i * \overline{s} * t_b}{T * \delta} \quad \text{（公式3-9）}$$

式中：n——停靠的常规公交线路数

K_i——高峰小时发送车辆数

$\overline{s}$——平均停靠面积

t_b——停靠时间

T——高峰小时持续时间

δ——高峰小时停靠泊位的利用率

2. 常规公交停车场面积

常规公交停车场仅提供给始发线路的车辆在非运营时间停车、检修使用。计算公式如下：

$$S_{BP} = \sum_{i=1}^{m_B} f_i * S_{标}$$

（公式3-10）

式中：S_{BP}——停车场的规模

f_i——线路i的常规公交辆数，一般取配备的常规公交辆数的60%

$S_{标}$——每辆车占地面积，一般每辆车占地100m²计算

3.2.2 出租车场站用地规模的确定

出租车场站分为落客区、停车场和上客区。出租车场站基本规模的确定主要是对出租车停车场的面积进行计算。大连北站出租车落客后50%进入停车场候客，出租车平均载客人数为1.3人/车。当客流高峰期时，出租车停车场车位周转率较高，平均停车时间为3min，周转率20次/h，停车场的利用率通常按70%进行计算，根据以下公式可得到出租车停车场的规模：

$$S_T = \frac{\alpha * Q_T * \bar{s}}{\varphi * N_T * \gamma}$$

（公式3-11）

式中：S_T——停车场的面积

α——到站再次进入停车场停车比例

Q_T——高峰小时出租车客流量

$\bar{s}$——泊车的平均占地面积，一般取25～40m²，地下停车库考虑柱网、坡道等构筑物，一般取高值40m²

φ——周转率

N_T——平均载客人数

γ——停车场的利用率

3.2.3 社会车辆停车需求与用地规模的预测

由于近年来我国机动化的迅速发展、原城市综合交通枢纽社会车辆停车配建指标偏低等多种原因，交通枢纽的社会车辆停车问题一直比较突出，特别是近年来随着高铁班车化运营后，一日或者几日往返的旅客会采取"P+R"这种出行方式，产生了一部分长时停车需求，加重了枢纽内停车的供需矛盾。综合交通枢纽地区的社会车辆停放总体上分为两大类：一类是为旅客、接送者及其他到访火车站的人员提供服务，另一类是为周边客流量较

大、停车设施供给不足或者供给模式不合理的部分商贸用地、金融用地等提供补充停车供给服务。

综合交通枢纽停车需求预测是确定枢纽停车设施规模的一项先导性工作，是制定枢纽停车规划与管理办法的重要依据。从停车设施配建的角度来看，预测远期停车泊位的需求量是综合交通枢纽停车预测的核心内容。根据枢纽对外交通方式集疏运结构预测和交通枢纽对外客流预测，即可预测枢纽旅客接送停车需求规模。

城市交通枢纽吸引的客流还应包括到达枢纽接送人员产生的客流，接送人员客流可以根据对外交通到发量预测结果，结合到发接送比例确定。根据调查，目前我国铁路主导型、航空主导型接送比例一般在10%~20%。

社会车辆停车用地规模的计算，单车面积一般取25~40m²，地下停车库考虑柱网、坡道等构筑物，一般取高值40m²，社会停车场的周转率一般比较高，停车接客的时间一般在1h以内，送客的停车时间在15~30min。

3.2.4 长途客运站设施配置基本规模

1. 发车场面积

按照《汽车客运站级别划分和建设要求》JT/T 200—2020，发车位数可按以下公式得出：

$$M = \frac{D \cdot (1-\vartheta) \cdot k}{np\mu} \quad \text{（公式3-12）}$$

式中：M——发车位数

D——过站车载乘率

k——增设系数

p——客车平均定员

μ——始发车合理乘载率

n——平均每小时发车次数

2. 停车场面积

按照《车站主要设施规模量化方法》的要求，停车场的最大容量按同期发车量的8倍计算，单车用面积按客车投影面积3.5倍计算。

3.3 太原南站枢纽换乘客流与设施规模的预测

3.3.1 太原南站枢纽客运规模预测

太原南站规模为10台22线，分为大西和石太两个车场，各为5台11线，总建筑面积为20.06万m²。太原南站是一个集高速铁路、普通铁路、地铁、常规公交、出租等市政交通设施于一体的区域性综合立体交通枢纽，主要办理南同蒲线、北同蒲线、太焦线、石太线、石太客运专线和太中银铁路以及太原西南环线、大同—太原—西安（大西客专）客运专线旅客列车的始发、终到及停站通过作业。

枢纽的客流主要包括国内铁路客流、轨道客流以及地方客流三类。依据铁路、各条轨道线路的进出站客流、换乘客流的客流预测结果，就可以通过交通方式划分得出接驳设施客流。进而通过各类客流分别指导相应的车站、接驳设施的规模，并作为枢纽站轨道换乘方式选择的主要依据。

（1）国内铁路客流：是指通过太原南站乘坐铁路与国内其他城市联系的客流。

（2）城市轨道客流：是指在该站乘坐轨道交通2号线、3号线的客流。

（3）地方客流：地方客流主要是指太原南站综合开发区内的居民，步行或使用其他交通方式搭乘常规公交站、城市轨道交通、铁路出行的客流。

各类客流和设施规模的预测将为交通枢纽布局提供依据，在太原南站枢纽的客流预测采用如下基本原则：

（1）国内铁路客流以铁路主管部门编制的相关规划中的铁路客流预测结果为依据。

（2）地方客流为周边地块开发及南站枢纽地下商业客流，主要以《太原市铁路南站片区用地控制规划》中的客流预测结果为依据。

（3）城市轨道换乘客流主要以《太原市城市轨道交通建设规划》中的城市轨道交通客流预测结果为依据。

1. 国家铁路客流

根据铁道部门预测，太原南站2030年高铁全年到发集散总量为4520万人次（表3-1）。这是本枢纽客流预测分析的重要基础。

枢纽近远期全年集散旅客量　　　　　　　　　　　　表3-1

年度	发送量（万人次）	到达量（万人次）
近期（2015年）	1049	1049
远期（2030年）	2260	2260

根据以上旅客年发送量，可以计算出高峰小时旅客发送量，如表3-2所示。

枢纽近远期高峰小时集散旅客量　　　　　　　　　　表3-2

年度	发送量（人次）	到达量（人次）
近期（2015年）	3017	3017
远期（2030年）	6500	6500

2．枢纽地方客流

根据《太原铁路南站片区用地控制规划》中，南站枢纽地区地块开发建筑总量约为114万m^2。采用吸引率法，可计算得到枢纽地方高峰小时到发需求2825pcu/h（表3-3）。

枢纽地区开发规模　　　　　　　　　　　　　　　　表3-3

地块编号	用地性质	用地面积（m^2）	容积率	建筑面积（m^2）	车流吸引率/产生率（辆/万m^2）	交通生成量（pcu/h）
C1	办公	93388	2.2	200335	260	521
C2	sohu办公	44900	4.1	182587	300	548
C3	铁路用地	17600	–	–	–	–
C4	居住用地	23146	2.9	66610	150	250
C5	长途用地	92793				
C6	广场	134480	–			
C7	铁路用地	11500				
C8	商办	15455	5.1	78188	290	227
C9	广场	22796	–			
C10	办公	123222	1.5	176303	260	458
C11	sohu办公	41580	1.7	68893	300	207
C12	铁路用地	2290	1.2	–	–	–
C13	居住用地	33190	1.7	55650	150	209
C14	居住用地	89223	1.3	108205	150	406
合计						2825

3. 轨道换乘客流

根据上述规划，2030年太原南站枢纽区域旅客集散的交通方式主要有城市轨道交通、公共汽车、出租车以及社会车辆。结合对太原站交通换乘方式的调查及相关案例的比较，太原南站枢纽交通规划对各种交通方式分担率如表3-4所示。

南站枢纽交通方式比例预测　　　　表3-4

	轨道	常规公交	出租车	社会车	其他
太原市综合交通规划（%）	25~30	25~30	7	20~22	5
本项目取值（%）	45	20	10	14	11

根据2030年的城市轨道交通出行方式和枢纽片区的客流总规模，可计算得到各种其他交通方式的换乘客流。

3.3.2 交通用地规模测算

通过根据各种交通换乘方式的客流预测，依据规范可测算各种交通换乘设施的用地和站场规模，主要是包括常规公交、长途、出租车、社会小客车场地的用地和站场规模。

1. 交通设施功能定位

按照太原南站的交通功能定位，内部将设置长途场站、常规公交场站、出租车场站以及社会车辆停车场等接驳场站。根据太原南站地区交通模式发展趋势分析，各接驳场站设施的功能定位如下：

（1）长途场站：服务于轨道（含铁路）、常规公交等接驳客流。

（2）常规公交场站：服务于铁路、轨道站点接驳常规公交客流，其次服务于站域开发客流。

（3）出租车场站：主要服务于铁路、轨道站点接驳客流，其次服务于站域开发客流。

（4）社会车辆场站：主要服务于铁路，其次服务于站域开发客流。

2. 规模估算结果

根据前面各条线路进出站客流及方式划分，结合枢纽及站域的接驳交通需求，按照相关规范，在考虑一定的预留量后，得出各类接驳方式的规模如表3-5所示。

太原南站枢纽各种交通方式规模　　　　　　　　　　　　　表3-5

规划规模		太原南站
2030年旅客发送量（万人次）		2260
常规公交	分担率（%）	20
	高峰小时流量（PCU）	130（不含途径线路）
	车辆数（辆）/线路数（条）	120~140/11
	用地规模（hm²）	1.4
出租车	分担率（%）	10
	高峰小时流量（PCU）	817
	泊位数（个）	250~300
	泊位面积（hm²）	0.7~0.8
	接送客车道边长度（m）	70
社会车	分担率（%）	14
	高峰小时流量（PCU）	1271
	泊位数（个）	400~500
	泊位面积（hm²）	1.2~1.5
	接送客车道边长度（m）	120
长途车	车站面积（hm²）	1.5~2
轨道线	分担率（%）	45
	线路数（条）	2

以上交通需求预测是进行枢纽换乘系统及站场规划设计的核心基础。它为各种交流的组织模式、各站场及其组成部分的规模布局提供了依据。显然，科学地、更加精确地进行需求预测在枢纽规划与设计中十分关键。近年来，对交通需求的预测也逐渐成为交通科学技术研究领域的热点。利用大数据等非传统方式的数据采集和基于新行为模型的预测方法，大大强化了预测的可靠性及其在时间与空间上的精确程度。这较彼时太原南站的传统交通需求预测方法有了长足的进步。

第 4 章

布局——太原南站枢纽的综合换乘系统组织

4.1 综合客运枢纽换乘体系设计的理论与方法

4.1.1 概念及构成

在《建筑设计资料集》中,综合客运交通枢纽被定义为"以旅客始发、终到为基本功能,强调并突出旅客换乘的交通网络中的重要环节",其核心是不同交通方式之间的换乘联运。因此,换乘体系是决定交通枢纽布局设计的核心骨架。由于综合客运枢纽中交通方式多样,交通组织复杂,客流构成繁多,是一个系统工程,因而在枢纽的规划设计中必须从全局出发,系统规划,才能打造一个高效、舒适、便捷的综合换乘体系。

常规铁路综合客运枢纽的换乘系统通常包含国铁、城市轨道交通、城际铁路、常规公交、长途车、出租车、社会车、网约车、非机动车、人行等交通方式;在空铁一体的特殊综合客运枢纽中,除了以上交通方式之外,还有航空、APM 等更多交通方式;对于包含港口的枢纽,还会有水运交通。本书主要研究常规铁路综合客运枢纽的换乘系统。

4.1.2 原则及方法

1. 科学定量:科学、准确的客流及换乘客流量研究,是决定枢纽规模与换乘系统关系的基本输入条件。在研究中应充分考虑外因与内因,通过上位规划推导、相似案例分析、实地充分调研、大数据模型构建等多种方法,多方验证确保客流与交通设施规模预测的准确性与前瞻性。

2. 共享集约:大型交通枢纽通常需要较大规模停蓄车场站,从集约用地的角度出发，尽可能采用车场立体叠合的布局模式。同时，各交通方式的设施在确保换乘效率的前提下，也应采取多主体共享的模式，归并整合空间功能需求，最大限度提升土地利用效率。

3．大容量优先：各类交通接驳设施的布局应体现以公共交通为导向的特点，坚持以大容量优先的原则，将轨道交通、常规公交车等就近布置在换乘核心区，保证主要客流换乘直接便捷，弱联系距离合理舒适。

4．多式分离、立体换乘：大型交通枢纽通常采用立体换乘为主、平面换乘为辅的形式，分层立体布局，尽最大可能实现不同交通方式的分离，如人车分离，进出分离，不同车种分离，综合开发与枢纽分离等，以确保换乘的高效性、安全性与舒适性。

4.1.3 枢纽的迭代关系及未来发展趋向

1．阶段一：以站前广场为核心的"平面型"换乘

在普速铁路时代，我国典型的铁路客运站呈现出站场、站房、广场三者平面展开式的布置关系。彼时枢纽并没有换乘系统的概念，城市的交通接驳体系也不健全，站前广场是所有换乘功能的核心，承担了人流集散、车辆停驻及高峰期站前候车等多种功能。随着铁路的不断发展进步与机动车保有量的提升，单一广场集散带来的人车交织、流线交织、换乘效率低下、环境混杂等问题日益凸显。20世纪90年代末，以北京西站为代表的"双广场"模式，将不同来向的换乘人流和车流分别在站房两侧的广场分开组织，也出现了专门的落客平台，这在一定程度上优化了人车交织、环境混杂的问题，但仍然是以站前广场为核心的"平面型"换乘组织模式。

2．阶段二：立体叠合的综合换乘模式

随着高铁时代的降临以及城市轨道交通的大力推广，传统以铁路为主的单一主体枢纽逐渐进化为多主体的综合客运枢纽。高铁旅客的候车时间大幅缩短，换乘效率成为枢纽设计的首要因素，原来以广场为核心的远距离平面换乘不再适用。于是，各种交通设施围绕高铁站房集中设置，大量换乘空间进入建筑内部，以室内换乘厅为核心的立体叠合模式应运而生。这一时期的枢纽换乘效率显著提升，在《城市客运交通枢纽设计标准》GB/T 51402-2021中明确提出了全交通方式的换乘距离不宜大于300m，"零换乘"必将成为铁路客运枢纽的基础要求。

3. 阶段三：站城融合的新型综合枢纽

面向未来的铁路枢纽，除了注重换乘效率，更应注重换乘体验与站城融合发展，铁路客运枢纽正在从单一的交通服务功能向城市综合服务功能演变，因此将城市功能与枢纽交通功能融合将成为未来的主导方向。此阶段城市功能与交通功能更加高度融合，枢纽本身就是一座城市综合体，旅客在换乘等候的同时，能够享受餐饮、娱乐、购物、文化等众多体验性功能，商业开发空间也因此拥有人气与活力，实现经济效益与人本体验的共赢。近些年建成的杭州西站、重庆沙坪坝站等案例就是对新一代站城一体枢纽的有益探索。

4.2 南站枢纽的换乘设计

4.2.1 方案概述

1. 区位条件

太原南站枢纽位于太原市小店区，地处太原市区东南角，距离省政府、市政府、高新园区、长风街商圈、武宿机场等重要区域的距离均小于10km（图4-1）。基于太原"南移西进、扩容提质"的城市发展战略，依托便捷的区域交通优势，太原南站片区规划为太原市的城市副中心，太原南站枢纽是区域重要的交通枢纽和城市门户，是带动城市片区发展的重要引擎。

太原南站枢纽分为东、西两个广场，东广场定位为文化休闲广场，西广场定位为商业商务广场。东广场包含枢纽接驳场站、长途汽车站等功能，是枢纽的辅助广场。西广场包含城市轨道交通车站、交通接驳场站、周边配套市政设施、物业开发等功能，是枢纽的主要广场（图4-2）。本书研究范围为枢纽西广场。

2. 场地条件

西广场总占地面积约17.87hm^2，基地位于高铁站房以西、太榆路以东、站北街以南、站前街以北区域。场地形状不规则，地块南北长约800m，东西宽约320m，场地中间高，南北两侧低，东高西低，是个跷跷板的地形，最大高差超过10m，地形高差明显（图4-3）。

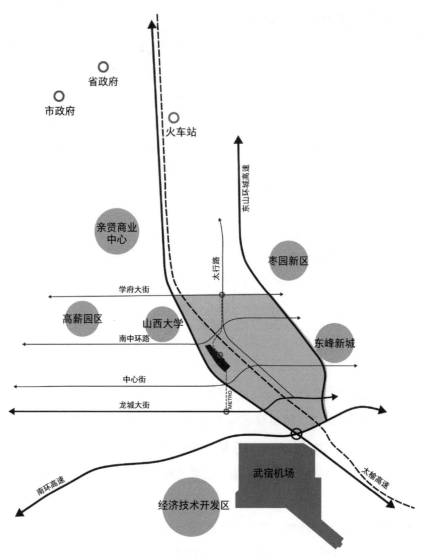

图4-1　太原南站枢纽区位示意图

3．方案设计

本项目集高铁、城市轨道交通、常规公交、出租车、社会车等多种交通接驳设施于一体，并引入站城一体的理念，配建一定规模的物业开发，是国内交通枢纽中较早采用站城一体设计理念并取得成果的案例。枢纽占地面积17.87hm^2，总建筑面积约363592m^2，其中交通接驳部分117105m^2，公共交通设施配套用房246487m^2（图4-4、图4-5）。

枢纽交通接驳部分2014年7月投入使用，物业开发部分2019年完成招商。目前，枢纽整体运营状况良好，并获得各方的一致好评，物业开发收入能全部覆盖枢纽运营支出。

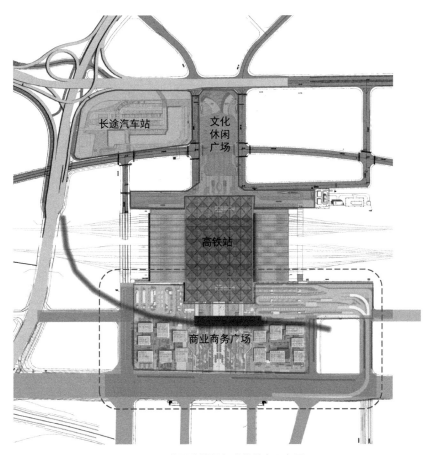

图4-2 太原南站枢纽功能分布示意图

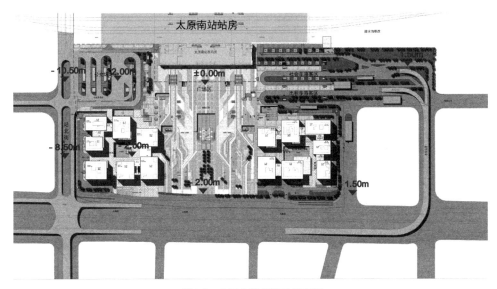

图4-3 太原南站枢纽用地高程

图4-4 太原南站枢纽广场效果图

图4-5 太原南站及周边用地现状图

4.2.2 设计理念

太原南站铁路客运枢纽大概经历了4个发展阶段,是典型的第3.5代枢纽,在完善解决枢纽交通换乘功能的基础上,初步尝试了"站城一体"的设计理念,降低枢纽对城市的不利影响，促进站城融合的同时发挥枢纽的交通优势，带动城市发展，完善区域功能，打造城市门户。本项目在设计前期，根据项目特征及实际情况，提出了以下几个设计理念。

1. 交通一体化

交通枢纽一般包含城市轨道交通、常规公交、出租车、社会车、网约车等多种交通方式，部分枢纽还包含航空、码头等交通方式，各种交通方式与高铁车站之间的换乘、各种交通方式相互之间的换乘十分复杂，是交通枢纽设计的重点和难点。交通一体化的思想就是指运用系统性思维，将各种交通方式作为枢纽整体换乘系统的一部分，从换乘效率、换乘环境、运营管理等多角度综合考虑，实现换乘系统整体最优。

换乘系统整体最优，具体包含两个层面，第一个是交通换乘层面，通过换乘距离、换乘时间、换乘环境等方面的优化调整，提升换乘效率和换乘体验；第二个是综合效益层面，通过立体布局、紧凑设计、缩小广场面积等节约用地，提升枢纽和城市的综合经济效益。

2. 站城一体化

随着我国城市化的快速发展，早期建成的铁路客运枢纽选址一般都位于城市中心区，对城市的割裂比较明显，往往会阻隔城市的平衡发展，交通枢纽周边的城市环境也往往较差。因此，大部分人对铁路客运枢纽的第一反应是脏、乱、差。为改善这一城市难题，促进城市健康发展，太原铁路客运枢纽在设计之初便引入了彼时仍少有人知的"站城一体化"，在枢纽中引入物业开发功能。以用促融促进车站与城市的融合。这样，既能发挥交通枢纽的交通优势与大客流优势，也能通过物业开发功能提升枢纽服务的服务品质，打造城市交通综合体及城市门户，成为带动城市区域快速发展的增长极，辐射周边区域，提升周边土地价值。

4.2.3 功能布局

大型综合客运枢纽的功能布局与外围道路交通系统、接驳场站规模、用地条件、国铁客流组织模式等多种因素相关。面对复杂的控制条件，太原南站综合客运枢纽的功能布局，遵循了以换乘中心为核心的交通一体化与站城一体化的基本理念。

太原南站西广场规划控制的用地面积为17.87hm²，用地相对较大。在设计中为提高换乘效率、节约用地、实现站城一体化的目标，我们在枢纽方案设计之初，在原规划的交通接驳功能的基础上，新加入了物业开发功能。根据两类功能的不同性质，将为国铁服务的交通接驳贴近高铁站房布置，可缩短换乘距离，提高换乘效率；将物业开发功能沿太榆路布置，面向城市，与周边城市功能无缝衔接，提升开发效率（图4-6）。

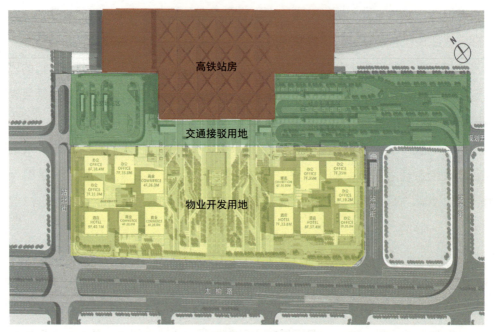

图4-6　太原南站西广场功能分区图

枢纽交通接驳设施主要包括常规公交车、出租车、社会车/网约车等场站功能，城市轨道交通车站，枢纽站前疏散广场（图4-7）等。结合场站规模需求及与外部交通的衔接条件，设计将常规公交场站布置在北侧，出租车、社会车布置在南侧，中间为站前疏散广场（图4-8）。物业开发地块分为南、北两个建筑组团，中间为市民广场，作为城市的门户与共享空间，以提升区域的活力。

在场地总体功能布局确定后，设计方案进一步根据高铁站房"平进低出"的基本客流组织模式，将送客功能设置在地面，接客功能设置在地下。这样所有功能就可以围绕换乘大厅布置，形成分层立体，上下叠落的基本格局。同时，我们将枢纽功能与开发功能之间预留灵活的连通条件。轨道交通既为枢纽服务，也为物业开发及周边城市功能服务。进一步，我们将客流量最大的城市轨道交通车站布置在枢纽与物业开发的中间位置，这样各方服务均好性都得到了很好的加强。

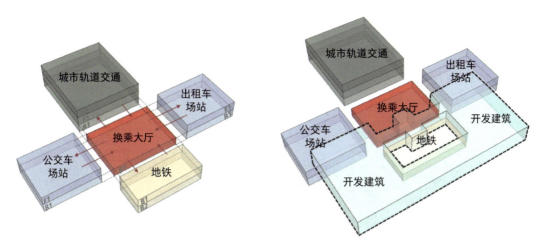

图4-7 开发设施与枢纽交通接驳设施分布示意图

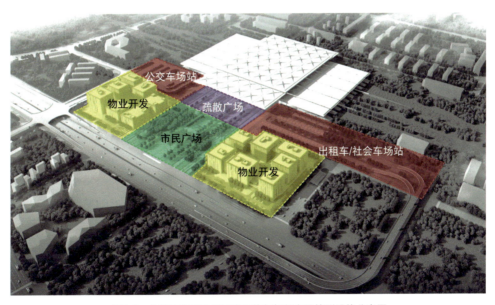

图4-8 太原南站西广场开发设施与枢纽交通接驳设施分布图

太原南站枢纽交通接驳设施中的北区为常规公交车场站。其地面部分为常规公交车上、落客区，地下部分为常规公交车候车大厅。设施中的南区为出租车/社会车场站。其地面部分为出租车/社会车落客区，地下夹层部分为出租车蓄车区，其地下一层部分为出租车上客区与社会车停车库，地下二层部分为社会车停车库；设施中区为综合换乘区，其地面部分为高铁站前疏散广场，地下一层部分为综合换乘大厅，换乘大厅西侧为预留城市轨道交通车站站厅层，地下二层为城市轨道交通站台层。

太原南站枢纽物业开发部分分为南、北、中三个区，南、北区地上各布置了7栋高度低于40m的建筑单体,两层地下室,地下一层为商业、办公、酒店等功能,地下二层为配套车库;中区地下共两层,地上为市民广场,地下一层为商业,地下二层为配套车库。各部分详细布局如图4-9所示。

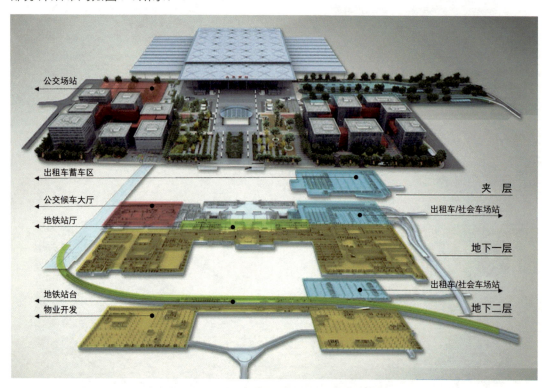

图4-9　太原南站枢纽物业开发详细分布图

4.2.4 流线组织

1. 车行流线

（1）道路交通系统

作为包含了综合开发功能的铁路客运枢纽,本项目有两类车流,一类是以高铁车站为目标的集散车流;另一类是西广场物业开发产生的到发车流。从理论上来说,由于发行目的不一,两类车流的安排应保持基本独立。设计中为提高换乘效率,避免车流交织造成局部交通拥堵,本项目交通组织的理念是建立两套相对独立的交通体系,分别为高铁集散车流与物业到发车流服务。具体来讲,本项目构建了高架道路系统和地面道路系统两套道路体系,高架道路系统为高铁车站服务,地面道路系统为西广场南、北物业开发区服务(图4-10)。

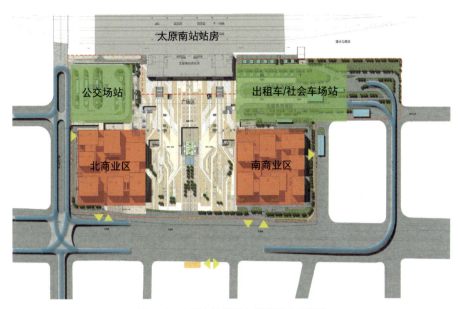

图4-10 太原南站枢纽车行进出口示意图

(2)交通接驳部分车流组织

1)常规公交车流线

设计中的常规公交车经太榆路与站北街交口的高架车道到达常规公交场站,或由老农科北路中间的车道上行至常规公交车场站后,沿场站西边和南边落客,之后回转进入上客区上客。其中上客站台为行列式布置,共3个上客站台、30个上客位。上客后,公交车可通过太榆路与老农科北路驶离场站(图4-11)。

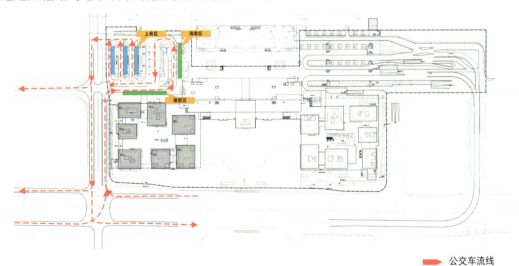

图4-11 太原南站枢纽公交车接驳车流示意图

2）出租车流线

设计中的出租车经太榆路高架匝道进入南侧出租车落客，落客后出租车有两种选择（图4-12、图4-13）：第一种是由场站西侧的地下入口进入夹层蓄车，转入地下一层上客，由地下车道从广场南侧规划路旁的出口出地面，经规划路右转至农科北路离开枢纽。第二种是不进入地下而直接经规划路、农科北路离开。

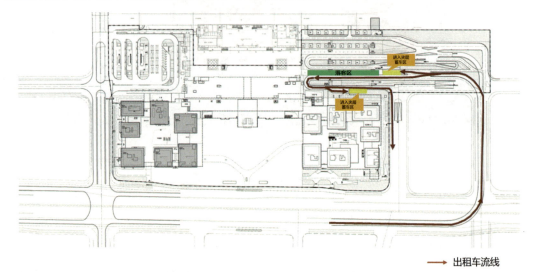

图4-12　太原南站枢纽出租车接驳车流示意图

3）社会车流线

设计中的社会车经太榆路上的高架匝道进入南侧社会车落客区，落客后社会车辆的空车由场站南侧的地下入口进入地下停车场，接客后与出租车同道，出规划路旁出口上至地面，再经站南街、太榆路驶离场站（图4-14、图4-15）。

（3）物业开发部分车流线组织

与枢纽换乘的人车组织相比，枢纽物业开发部分车流较为简单，主要为社会小客车与配送货运车。设计将商业南北区地下车库之间互相连通，作为一个整体车库统筹考虑，一共设置了5个地下汽车库出入口，其中北区红线内1个，南区红线内3个，太榆路西侧红线外设置1个出入口。车库内预留了货运流线。

2. 人行流线

（1）基本理念

作为一个以换乘为主体的客运枢纽，西广场人流交通设计始终围绕旅客为中心进行组

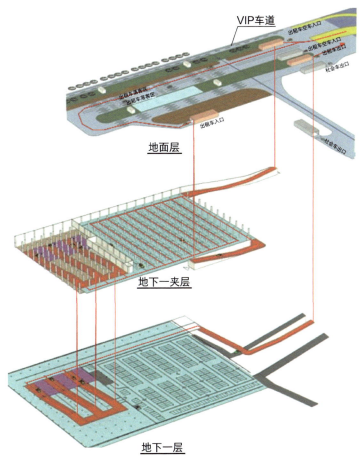

图4-13 太原南站枢纽出租车立体接驳车流示意图

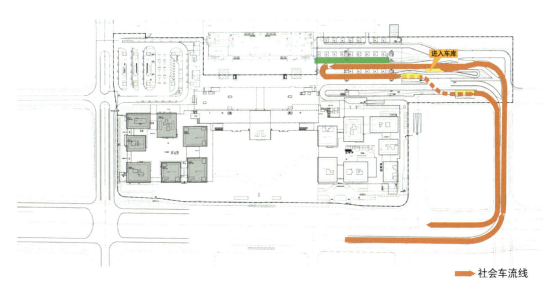

图4-14 太原南站枢纽的社会车辆接驳车流示意图

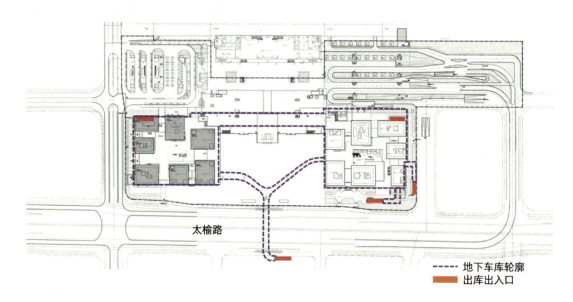

图4-15　太原南站枢纽物业开发地下车库轮廓以及车库出入口示意图

织。同时利用站前广场作为换乘与开发的过渡人流转换空间,将高铁、城市轨道交通、物业开发等人流整合设计,实现各种功能人流的无缝衔接,并与其他接驳设施便捷换乘。由于太原南站国铁旅客人流进出站方式为平进低出,即地面层进站,地下一层出站,因此设计中所有人行流线都基于此进行人行流线的组织,形成地面、地下一层两个主要的人流层。

（2）国铁进站流线

设计中乘坐常规公交车来此的旅客,在地面常规公交车场站的西边和南边落客,平行进入国铁候车；经由出租车和社会车辆来此的旅客,在场站东边和北边落客,前行进入国铁候车；而经由城市轨道交通来此的旅客,在地下一层出站后,经由直通地面层的扶梯,上至地面层,左（右）转后平行进入国铁候车（图4-16）。

（3）国铁出站流线

设计中国铁出站旅客沿着换乘大厅两侧的通道分别到达常规公交候车大厅和出租车/社会车上客区,旅客直行经由通道两侧的闸机即可进入城市轨道交通站厅层,继续前行便进入商业开发部分中区下沉广场,可以直行到达火车站前广场,或从两侧进入商业开发南北区（图4-17）。

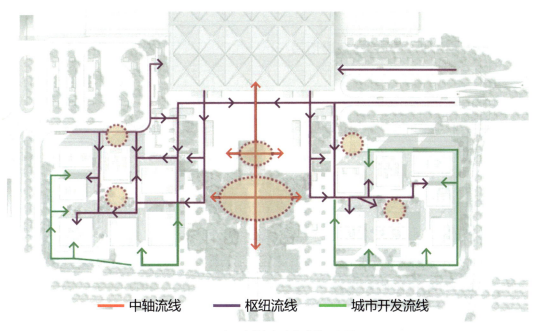

图4-16　太原南站枢纽人行流线示意图

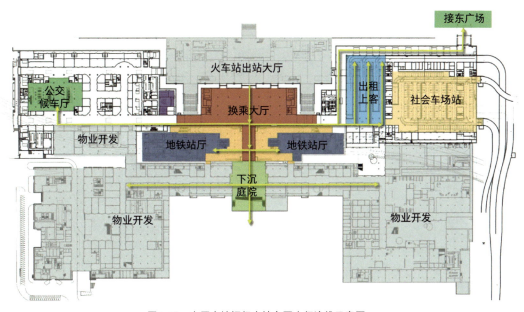

图4-17　太原南站枢纽出站主要人行流线示意图

4.3 南站枢纽的创新与思考

4.3.1 巧妙利用地形的内/外交通衔接

太原南站自然地形高差明显，尤其北侧站北街路面标高比前广场低了超过10m，站北街的主要功能是下穿高铁股道，连通车站东西的一条主要道路。常规做法是把常规公交车场站布置在地下一层（-10.0m标高），这样站北街可以平层进出常规公交车场站来上落客。但是，这样的方案主要有以下三个问题。

1）常规公交主要客流自北向南通过太榆路到达枢纽，而太榆路作为城市快速路，最近的可掉头的桥梁距离站北街约2km，来回绕行超过4 km。

2）常规公交车流与站北街过境车流混行，互相影响导致枢纽车行效率较低，且可能影响站北街车辆的正常通行。

3）常规公交旅客需要上行10m后才能进站，换乘便捷性不足。

在枢纽方案设计时，我们巧妙地利用地形高差，维持现有交通系统不变，构建了一套高架道路系统，高架系统与太榆路、站北街、老农科北路通过匝道连接，各个方向的常规公交车均可通过高架匝道快速进出场站，对站北街、太榆路上过境交通的影响降到最低（图4-18）。

图4-18　太原南站枢纽地形现状示意图

4.3.2 管道化的车行组织

根据交通系统的计算分析，综合客运枢纽附近进场发生交通拥堵的主要原因是枢纽车辆、城市车辆、开发车辆等混行导致车行效率降低，如果各种车辆都通过专用道路进出枢纽场站，则效率会大大提高。在本项目设计时，为不同种类的车辆设置了专门的高架系统（图4-19），常规公交车、出租车、社会车分别通过各自的交通管道快速进出场站，避免和其他车辆混行，从而可以大大提高换乘效率。

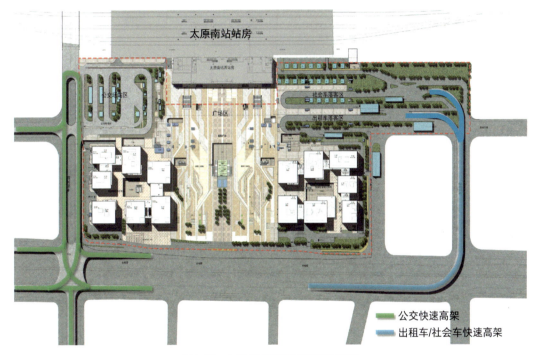

图4-19　太原南站枢纽高架布置示意图

4.3.3 出租车"多岛式"上客

综合客运枢纽的客流在时间分布上并不是均匀的，而是存在显著的脉冲特征及高峰和平峰现象，节假日高峰小时的客流往往是平常的几倍甚至几十倍。因此，高峰小时旅客出租车排队时间往往比较长，会大大降低旅客的换乘体验。通过调研发现，这种排队时间比较长与上客排队的模式有关，常规单边排队上客每次有效的上客车位只有3辆，效率较低。

为应对上述极端客流等不利情况，让旅客在各种情况下都能快速乘车驶离场站，从而提高枢纽的换乘效率和旅客的换乘体验，在设计出租车上客区时，我们设计了3个排队等候的上客岛，打造"多岛式"上客的模式，这种模式可以根据旅客的多少来决定开放几个上客岛来排队（图4-20）。

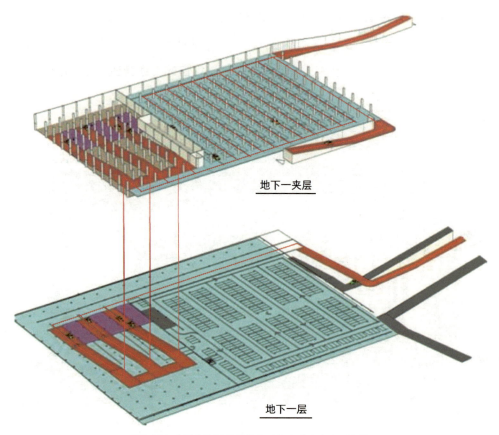

图4-20　太原南站枢纽出租车"多岛式"上客示意图

在平峰时段，可以只开放一个岛来排队，两侧上客，上客效率是传统单边模式的2倍。高峰时段，三个岛全开，上客效率是常规单边上客效率的3倍，大大缩短了旅客排队的时间，提升了出租系统的运行效率。

4.3.4 "站"与"城"的无缝换乘

传统的铁路客运枢纽与周边城市空间一般缺乏良好的衔接，甚至阻断了两侧城市空间的连通。综合客运枢纽进出站人流与周边地块的连通性较差，周边的人流来往枢纽往往很不方便。

在太原南站枢纽方案设计时，充分考虑了枢纽与周边地块的无缝衔接，打造了一套完整的地下步行系统，通过地下步行系统，可便捷地联系东、西广场（图4-21）。优化城市轨道交通车站站厅布置，打通枢纽与西广场物业开发的无缝连接。在太榆路下方设置地下步行联络通道，通过通道可便捷到达太榆路西侧地块。这是对枢纽地区连续步行系统的重要探索，对促进站与城的融合互动起到了关键作用。

图4-21　太原南站枢纽"无缝换乘"示意图

4.3.5 量身定制的导向标识系统

目前，国内枢纽标识颜色以蓝色、灰色为主要用色，文字信息采用白色，清晰易辨识，图形色彩较单调，造型简洁雷同。在太原南综合客运枢纽的设计中，根据枢纽的总体方案和功能布局特征，量身定制了一套兼具功能性与艺术性的导向标识系统（图4-22）。导向标识系统设计时遵循流线简洁性、合理的布点、统一的标识形态、信息的连续性、规范性、双语标注、信息优先性等基本原则，方案设计主要特征如下。

（1）导向的功能性：在公共交通空间始终都应摆在第一位，即满足乘客在枢纽内的任何位置都能找到他们需要的任何信息。本次设计从天、地、墙（柱）三方面出发，设置三维立体标识。

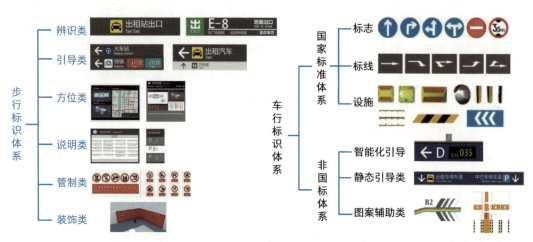

图4-22　太原南站枢纽的导向标识系统

（2）导向的艺术性：南站枢纽的设计环境有半敞开式空间、整体室内空间以及室外空间，每种空间相对独立，并有大面积商业，对导向形式要求较高。因此，这次设计我们从标识牌的设置形式、造型及材料等方面都与装修紧密结合，注重与环境的协调性，使之融入整个环境中，并作为枢纽中的一个视觉亮点，提升整体形象。本次设计的重点，充分利用墙面及柱面，减少落地标识独立设置。

（3）本次太原南站枢纽项目标识系统的设计中包括步行标识体系和车行标识体系中的非国标体系，并且与装修方案同步设计、同步施工，两者融为一体，使得旅客的换乘选择更方便，换乘体验更舒适。

4.4　南站枢纽换乘系统的使用评价

太原南综合客运枢纽一期（交通接驳部分）在2014年7月投入使用，至今运营时间超过7年；二期（物业开发部分）于2018年已陆续投入使用，目前已全部完成招商。自枢纽运营以来，本研究也对枢纽的运营状态进行了持续性跟踪，在实际运营中发现了一些问题，总结了以下方面的经验。

4.4.1　问题的思考与梳理

在太原南站枢纽方案设计中，根据交通预测，设置了两条落客边分别作为社会车落客与出租车落客，社会车落客边长度120m，出租车落客边长度140m，落客车道均为双车道。在实际运营中，大部分车辆停靠在落客边北侧靠近国铁站房部位落客，这导致大量车流集中在北部，造成交通拥堵问题。后来，此处落客方案进行了整改，目前社会车落客边集中在场地北侧，靠近火车站前广场南侧，并在场地南区北侧增加了一条双车道，落客后车辆可以快速离开枢纽（图4-23）。

图4-23　太原南站枢纽社会车和出租车落客边示意图

这样的问题在配有快速落客区的枢纽中具有典型性。为此，在后续枢纽设计中，首先应该特别重视设计与运营的协同。在设计上尽量让落客边平行于进站厅且靠近站房出入口。落客边的长度及车道数需综合考虑交通量需求与场地条件，在条件允许的情况下，可适当预留灵活性。在运营管理上，可以参考机场落客边的管理模式，在落客边前后段加装交通摄像头，要求在一定时间段内车辆必须离开，否则会开具罚单。

4.4.2　乘客对方案设计亮点的反馈

1. 换乘便捷性的反馈

枢纽采用分层立体的布局模式，换乘大厅位于中间，常规公交车、出租车、社会车、城市轨道交通分别围绕换乘大厅布置，进出站旅客去各个场站的换乘距离均较短，3min可以到达目的地，换乘便捷性在全国所有交通枢纽中均属于较为前列的水平。

枢纽社会车库内没有设置扶梯，电梯设置数量较少，在实际使用中，车库内的旅客进出火车站不便。同时，由于地下二层车库内设置了人防设施，电梯厅入口处设置了人防门槛，导致旅客使用十分不便，降低了乘客满意度。为此，在后续枢纽车库设计时，应均匀布置电扶梯，每组电扶梯不少于2台，方便上下层之间联系，如果作为人防车库，则进出电梯厅的门槛采用可拆卸的活门槛。

2．出租车多岛式上客边的实际运营效率

本项目出租车上客区设置3个上客岛，比常规单通道排队上客的效率高，在实际运营中，平峰时段客流不多。在这个时候，如果3个岛同时开放的时候，存在这个岛上有人，但是下边没有车辆，而另外一个岛上有车，但是没有人员排队，为应对这一问题，平峰时段开放两个上客岛，高峰时段及节假日旅客较多的时候，3个上客岛全部开放，运营7年来基本可以保证旅客排队时间不超过10min，换乘效率较高（图4-24）。

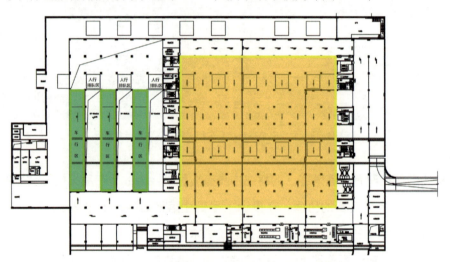

图4-24 太原南站枢纽出租车多岛式上客区平面图

在机场枢纽项目中，出租车上客区经常采用斜列式上客的模式，这种模式上客效率比平行式上客效率高出很多，占用的空间也不大，但是跨度要求较大，对于有净高要求的部位不宜采用。

第 5 章

塑造——太原南站枢纽的公共空间设计

5.1 枢纽公共空间设计的相关理论与方法

5.1.1 公共空间相关概念与演变

公共空间的概念最早起源于社会政治范畴，是相对于私人空间而界定的。这一概念在20世纪60年代初被刘易斯·芒福德（L. Mumford）和简·雅各布斯（J. Jacobs）等学者引入城市与建筑科学领域，被视为社会生活与交往的公共场所，是挽回被现代主义功能至上理念破坏的社会文化与城市肌理、促进社会交往与城市活力的重要因素。

由于公共空间本身存在空间与社会的多重属性，而随着社会的发展与公共生活需求的提升，人们对"公共"范畴的定义也在不断修正，因而很难在学术上形成较为明确的定义。在《城市规划原理》中，狭义的城市公共空间指"供城市居民日常生活和社会生活公共使用的室外空间，包括街道、广场、居住区户外场地、公园、体育场地等。"

在传统城市设计框架下，城市公共空间体系呈现出"点—线"结合的平面网状布局，即以街道的线性公共空间为骨架，串联起绿地、广场等点状的室外开放空间。

现代城市的发展对这一传统体系进行了室内化与立体化拓展。首先，城市体系中愈发密集的公共建筑承载起大量市民公共生活，如商业中庭、图书馆、公交枢纽换乘大厅等，公共空间的边界已经从室外拓展至室内。而地下空间开发、高架步行系统的出现，又将城市公共空间结构从二维拓展至三维，形成了一套立体而复杂的空间网络结构（图5-1）。这套结构以使用者的慢行系统为网格，串联起各类容纳社会公共生活的室内与室外空间。因此，本书中的公共空间范畴，参考了徐磊青等在研究公共空间密度时的定义，即"12h以上向城市大众开放的、不收费的、与城市各基面直接联系的、无论室内室外的空间"。

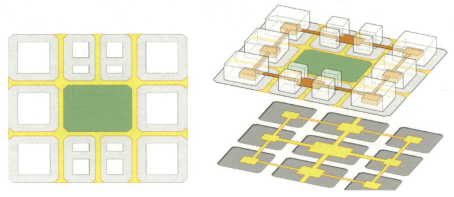

图5-1 平面公共空间体系（左）与立体公共空间体系（右）

5.1.2 枢纽公共空间的定义与特点

铁路综合客运枢纽公共空间是城市公共空间中非常特殊的组成部分，它是城市对外交通与对内交通系统的转换节点，也是人流大规模持续性集散的空间载体，在站城一体化的大趋势下承载着越来越多交通以外的社会公共生活，成为带动区域发展的催化剂。

相较于传统的室外公共空间与功能单一的建筑内公共空间，枢纽公共空间由于城市要素的大量集聚而呈现出空前复杂的特点，具体体现在空间功能层面的复合性、空间组织层面的高效性与空间环境层面的多样性。

空间功能的复合性，体现在交通功能与城市功能的复合。综合交通枢纽自身就是一个功能的综合体，不仅承载着城市轨道交通、常规公交、出租、公路客运等多种交通功能，也承载着为服务集散人流设置的城市配套功能以及站城一体化驱动下的城市开发功能。枢纽公共空间，就是这繁杂功能的复合区，也是交通空间与城市空间的衔接纽带。

空间组织的高效性，体现在复合功能下对繁杂流线的高效组织。流线组织是枢纽建筑设计的核心内容，而公共空间则是承载流线的核心，二者呈现出结构耦合的特征。因此，成功的枢纽公共空间，必然呈现出在空间组织上的高效性：交通客流能够快速集散、减少交织，开发客流能够与交通客流相对分离、合理衔接；既能避免空间拥堵，保证疏散安全，也能依托公共空间系统挖掘客流价值，带动区域发展。

空间环境的多样性，体现在空间环境类型与空间尺度的多样性。枢纽公共空间类型通常会涵盖室内环境与室外环境、地上环境与地下环境、大尺度空间与线性空间等，丰富的空间环境类型需要具有针对性的环境设计方案，为使用者提供舒适的光环境、声环境、热环境与多样化的空间感受。

5.1.3 枢纽公共空间的体系构成

依据枢纽公共空间所处的环境类型，可将其划分为室外公共空间与室内公共空间。

枢纽的室外公共空间体系，以站前广场为核心，兼具人群集散、交通换乘、室外活动、景观绿化等多种功能区，是枢纽系统与城市系统衔接的直接界面，往往成为一座城市的门户窗口。

枢纽的室内公共空间体系，可以从主导功能出发，进一步划分为交通功能主导型与城市功能主导型。交通主导的室内公共空间，以保障交通换乘的高效便捷为主导，空间应导向清晰、流线合理、通行尺度适宜，主要包括综合换乘大厅、换乘通道、各类交通功能的非付费区等。城市功能主导的公共空间，主要承担联系各类配套服务的功能，空间环境更为舒适自由，交通功能弱化、交往功能强化，如商业街、商业中庭、城市通廊、室内庭院等。实际案例中，交通主导型与城市主导型公共空间不一定具有明确界限，甚至某些空间会同时兼具两种属性，在过渡区空间往往具备二者共同的特性。

对于传统的铁路客运枢纽，室外公共空间与室内公共空间往往呈现水平布置关系，室内公共空间以客站进出站交通功能为主导，综合换乘功能由室外站前广场承担。缺少城市功能主导的公共空间，土地资源占用量大，功能单一，呈现"站城分离"特点。

以太原南站为代表的新一代铁路客运枢纽，公共空间体系呈现为局部或整体的立体叠合关系，即室外公共空间与室内公共空间叠合，交通主导公共空间与城市主导公共空间叠合，以及相同主导功能空间自身的叠合。这种多维叠合的布局关系，一方面大幅提升了土地利用效率，另一方面增强了公共空间的关联度与人群交往的便捷度，是站城一体枢纽公共空间的重要特征（图5-2）。

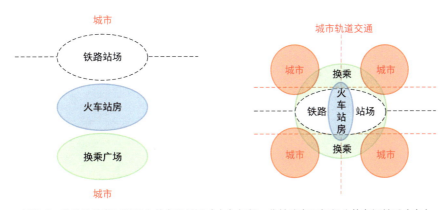

图5-2 传统铁路客运枢纽公共空间关系（左）与新一代铁路客运枢纽公共空间关系（右）
图片来源：作者改绘自北京市城市规划设计研究院

5.2 南站枢纽公共空间的体系概述

太原南站枢纽的公共空间，包含室外的站前广场空间以及枢纽室内公共空间两部分，二者一为地上一为地下，呈现出典型的立体叠合、相互交融的关系，这种叠合则是与枢纽的总体布局原则相辅相成的。

地下的中央换乘大厅是太原南站枢纽公共空间的核心，城市轨道交通、常规公交、出租、公路客运等交通设施围绕核心立体布局，高度集约的模式大幅缩短了交通换乘距离（图5-3）。从空间核心出发，一横一纵构成了交通主导型公共空间的主轴线，乘客沿轴线可在3min内完成全交通方式的换乘。从主轴向外分支，则会进入城市功能主导型公共空间，人流被自然引入商业、办公、酒店等多样化的市民空间，实现商业动线与枢纽交通动线的无缝衔接。一系列下沉庭院是地上与地下公共空间的过渡节点，实现室内与室外广场空间的多维互动。

在这个意义上，地面的公共空间不再是传统的集散广场，而是容纳多样化社会生活的城市广场。沿纵向主轴的喷泉方阵、下沉广场序列保留了城市门户的仪式感，城市公园、院落式开发建筑沿广场两翼生长，与地下空间脉络相和，丰富而尺度宜人的户外体验拉近了广场与"人"的距离。

图5-3　太原南站公共空间体系

5.3 站前广场主公共空间的设计与思考

5.3.1 国内站前广场的空间组织和形态演进

国内铁路客运枢纽的广场功能和形态演进大体可分为三个阶段。

1. 阶段一：站城分离，平面展开

新中国成立初期的第一代铁路客运站，普遍采用线侧式站房，站场、站房、广场三者呈现出平面展开式的布置关系。这种模式主要是借鉴苏联经验，也是早期铁路客站的普遍形态。铁路站房被视为封闭的车站建筑，需要付费持车票才可进入，室内与室外的分界即既定产权与管理的边界不是公共空间与私密空间的分界。同时，由于建设时机动车数量稀少，对于广场的车行交通空间缺少规划，后期普遍对其进行了改造或重建。典型案例就是被列为"北京十大建筑之一"的北京站。

（1）功能组成

这一时期的站前广场，交通功能较为单一，基本只包括铁路对外出行自身引发的旅客活动功能。广场作为交通组织的核心，既需要承担铁路与常规公交、公路客运等其他交通方式的换乘接驳功能，又要承担站房内部售票区、进站区、出站区及商业、行李寄存等对外服务之间的串联功能。此外，由于此时期设计标准较低，线侧式站房候车空间有限，站前广场还要承担提前到站乘客与高峰时期等客流高峰时期无法进入候车厅乘客的候车功能。

广场的机动车上落客普遍沿地面道路解决，车辆场站功能在后期扩建时才被纳入，用地较为富裕的车站可就近放置于广场两侧，用地有限的车站只能直接用站前广场作为停车场（如老长春站，人车混行严重），或者在车站附近另辟用地（如北京站东常规公交场站，换乘距离较远）。广场以硬质铺地为主，景观绿化占比极低。

（2）空间尺度与形态

关于广场尺度的研究，芦原义信参照霍尔的25m最大交往距离，提出了"20~25m的外部空间模数"，认为外部空间的划分应该以20~25m为单位，通过节奏的重复、材质或者标高的改变使之符合人的交往尺度，而70~100m是能够看清物体的最远距离。第一阶段的站前广场，形状通常为横向长方形，面宽与站房相近，约200～300m；进深约为站房进深的1~1.5倍，大约60~90m，广场总面积约1~3hm^2，长宽比通常接近3∶1的比例。此时，广场面宽已超过理想城市广场尺度，两侧的围合边界难以感知，但视线会集中于站房建筑主界面，与周边的街区相比，具有极高的可识别性，以超越常规尺度和开阔的平面烘托主体站房的宏伟形象。

（3）城市界面

以北京站作为北京的十大建筑为始，此阶段的铁路客运站，通常被认为是一座城市的核心地标，反映着独特的城市记忆，其纪念性与象征性甚至高于交通枢纽属性，城市界面的核心，是塑造出主体建筑的宏伟感知度。梅尔滕斯在《造型艺术中的视觉角度》中认为，当视角为27°时，建筑几乎占满整个视野，周围环境仅仅充当背景；当视角为18°时，建筑物虽然凸显，但它与周围环境在视野中的作用同样重要，是视觉涣散的距离界限；当视角为12°或更小时，建筑仅为环境中的一部分。以"北京十大建筑"之一的北京站为例，北京站主站房高34m，行人在站前广场北侧的道路上，以人视角高度1.6m计算，其垂直视角为arctan[（34-1.6）/90]=20°，能够确保沿街面的视觉感知度，在当年周边小尺度的胡同的映衬下，也是天际线的制高点；而站在广场中央，垂直视角arctan[（34-1.6）/50]=33°，站房本体将成为行人的绝对视觉中心，向全国各地的乘客展示出首都"大门"的重要形象。

（4）主要问题

1）流线交织：建国初期的铁路客运站，完全依靠站前广场组织交通，进站、出站、售票、候车，各类人流在单一平面内交织，且初期设计客流往往远低于客流增长，缺少系统的导向设计，步行距离远且行人混杂，换乘效率低下。

2）交通承载力有限：客站设计时并未将机动车上落客作为重要输入条件，且选址多位于老城核心区，造成周边道路承载力超负荷，往往成为城市的"堵点"。

3）重仪式、轻体验：站前广场的服务性设施与绿化空间较少。

4）城市分割严重：线侧式与平面展开式布局中，铁路站场往往成为割裂城市的主要因素，打破传统城市肌理与道路系统，造成两侧风貌差异显著，区域发展失衡。

2. 阶段二：站场一体，局部叠合

从改革开放到20世纪末，铁路客运站仍以普速铁路为主，但建设理念出现了较大变革，面对激增的机动车交通需求与人车矛盾，空间组织开始向三维拓展。这一时期出现了站房与站场立体叠合，交通组织"上进下出"平台落客，站前广场双侧布置，站房主体跨线设置等新模式，在一定程度上缓解了第一代车站城市分割与交通承载问题，对常规公交、出租车、小汽车等城市公路交通接驳系统进行整合，由铁路客运站向综合交通枢纽转变。这一时期的典型案例包括北京西站、杭州站、上海站与郑州站等。

（1）功能组成

第二代站前广场依然是人行交通组织的核心，但相较第一代广场，交通功能进行了主次分解，部分铁路内部主导流线纳入站房本体，与城市交通系统的综合换乘功能得到强化。高架候车模式，有效扩展了候车厅面积，旅客的候车功能大量转移至站房内部。与高架候车相适应，部分第二代枢纽的站前广场出现了机动车专用的高架送客平台，进一步分解了进站人流；平台下方的空间作为主站房灰空间，起到了串联售票、进站等不同站内功能的作用。广场的交通换乘被强化为旅客活动空间，聚焦于铁路与其他交通方式的换乘接驳（图5-4）。车辆场站功能在本阶段占据了大量站前广场空间，地面公路客运停车场与常规公交场站成为必选项。广场的景观功能得到强化，出现成块的绿地空间，但这个时期的广场绿化以封闭式的观赏性为主，是提升广场空间仪式感的重要手段。

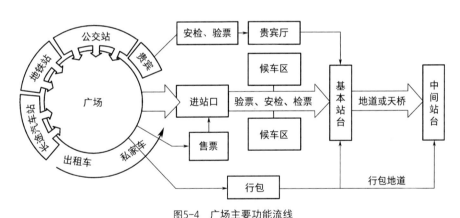

图5-4　广场主要功能流线
图片来源：根据《建筑设计资料集》（第三版）第七分册重新绘制

（2）空间尺度与形态

此阶段的站前广场，临近站房部分仍以长方形为主，但结合接送客道路系统出现了更多形态变化，空间尺度感受更为丰富多样。站前广场通常呈三区布局，中央为旅客步行区，两侧设置交通场站，总体尺度较第一代枢纽显著增大。旅客步行区的宽度与主站房一致，两侧场站进一步延伸；常规广场进深与一代枢纽近似，但受用地形状限制时存在较大差异。如北京西站北广场步行区长度近300m，加入两侧场站后总长达680m，宽度仅

70m，长宽比近10∶1；而杭州城站仿机场航站楼模式设置了进深70m的二层高架广场与地面中央景观绿地，共同形成了长宽比约1.5∶1的广场空间，围合感较强。

（3）城市界面

铁路站房因基本功能需求，沿街立面呈现出高宽比小，厚重沉稳的形象，但有限的高度在沿街立面常常难以凸显。这一时期出现了站楼一体的物业开发模式探索，以站房主体为基座，在上部叠加高层建筑作为可对外出租的物业开发功能。这种叠合不仅提升了整体商业价值，也为站房"高起来"提供了可能。杭州站就采用这种模式在正对西湖大道轴线处建造出一座高达73.55m的"门"字形建筑，行人在站前景观广场前的垂直视角可达23°，在周边的高楼大厦中永远是视线的焦点，成为西湖边的杭州"门户"。

（4）主要问题

站前广场多种流线交织问题依然存在，但相较于第一代车站已经有部分改善，同时大体量交通场站设施沿两侧设置，人流混杂，一定程度上削弱了"门户"的空间品质；另外，在广场界面上，站前广场的绿化景观以封闭性绿地为主，重仪式轻体验的问题依然存在，同时部分车站双侧广场的布置模式初步弱化了城市割裂效应，但车站与周边地块的联系依然薄弱。

3．阶段三：站轨一体，交通叠合

高铁时代的降临，是对传统运输格局的重新洗牌。高速铁路发车密度较普铁显著提升，每辆列车的载客量降低，旅客候车时间大幅缩短，电子化售检票使乘车更为便捷，这导致铁路客运枢纽的设计进入了新纪元。与高铁时代同步迅猛发展的，是一、二线城市的城市轨道交通。这一时期的高铁客运站已形成高铁+城轨+全交通方式的综合交通枢纽模式。通过广场、站房、站场以及城市轨道交通等全交通方式的立体叠合布局，"零换乘"成为这一时期铁路客运枢纽的重要目标。这一时期的典型案例很多，包括北京南站、武汉站、郑州东站等。

（1）功能组成

第三代枢纽相较前两代具有划时代的进化，站前广场的功能也发现了质变。传统意义上的站前广场，换乘交通组织是其功能核心，而第三代枢纽的站前广场已经不再是交通组织的核心空间。由于城市轨道交通是枢纽出行方式中占比最高的类型，其与高铁的换乘空间往往成为枢纽的换乘核心，其通常设置于站前广场或站房下方，出租车、公路客运等其他交通方式会围绕核心就近布置，相应的停车场也随之转入地下。枢纽的立体化组织交通空间成为普遍的模式，将人行交通空间与车辆场站空间大幅度转入地下或站场下方，站前广场承载的交通功能被大幅度削弱，更多地承担起景观广场功能，广场的服务主体由车站向城市转变。

（2）空间尺度与形态

高铁时代的铁路客运枢纽，更多选址在城市外围，利用高铁对人流、物流空前高效的集聚作用，拉动与周边城市群的联系，带动枢纽周边区域发展，以期打造高铁新城。在此背景下，站前广场往往成为高铁新城中央轴线的起点，起到引导城市空间序列的重要作用，因而形态从横向方形向"T"形变化，"T"形的横贴临站房，仍与站房同长（约300~500m），承担着地面交通接驳功能；"T"形的竖则更注重轴线的标志性与纪念性，与城市中央绿地形成序列，部分车站一竖的两侧会作为景观绿地。因此，尽管站前广场的交通功能被削弱，其用地尺度相较普速铁路客运枢纽广场却更为宏大，如郑州东站西广场已达到约6.7hm^2，济南西站东广场约7.3hm^2，已经远离了人的尺度。由于超大的尺度但同时缺乏实际的功能，这种类型的站前广场，只能称作车站的形象性广场，而非城市的广场。

（3）城市界面

由于广场尺度过于宏大，这一时期的站房在沿街视角已经很难感知。按照梅尔滕斯的视觉角度理论，杭州东站沿街垂直视角不到12°（图5-5），济南西站的垂直视角仅8°（图5-6），站房与周边环境融合度较高，不再是视线的绝对核心。打造城市门户的手法更多依靠广场自身的开阔性，以及依靠周边城市建筑形成的序列感。

图5-5 杭州东站沿街视角

图5-6 济南西站沿街视角

（4）主要问题

首先，站前广场过度关注仪式性与象征性，远离人类尺度，对土地资源形成浪费；其次，广场设置大量硬质铺地，景观空间有限，且以封闭性绿地为主，缺少人文关怀，造成大量广场可远观而无人问津，重仪式轻体验的问题反而被扩大；最后，立体交通布局方式将人行流线立体化，部分车站通过地下与空中廊道实现车站与周边地块的联络，但在功能上依然"站是站，城是城"，二者间分界明显，枢纽对周边的带动作用受限。

4. 阶段四：站城一体，城站叠合

国内外铁路客运枢纽建设发展的经验表明站城一体的第四代铁路客运枢纽，是面向未来的客运枢纽建设模式。目前，这种新模式依然处于探索阶段。这种模式的核心，在于完全打破用地红线的限制，将城市功能与铁路站房完全打造为一个整体。这个意义上交通枢纽仅仅是整个城市空间的有机组成部分，人流、物流、资金流、信息流等要素高度聚集，土地资源利用效率能级化提升，枢纽也就因此转化为城市综合体与区域发展的"核心触媒"。

（1）功能组成

第三代枢纽的站前广场，核心功能已经从服务车站变为服务城市为主，但在实际设计中广场对城市生活需求的考虑仍比较有限，导致其形式与功能并不匹配。在站城一体的第四代枢纽中，站前广场在彻底失去了交通换乘功能的基础上又增加了开发功能的室外功能需求，已经是完全意义上的城市广场，可以够容纳市民多样化的日常活动。广场的功能不仅限于交通活动、公园景观，还将多样化的城市开发功能一体包容。广场从仪式性空间变为交往空间，更加注重使用者的体验，真正符合城市公共空间的内涵（表5-1）。

站前广场相关案例研究　　　　　　　　　表5-1

阶段	阶段特点	功能组成	典型案例	案例尺度
阶段一 站城分离，平面展开	线侧式站房，平面展开布局，站房封闭独立，广场是交通组织核心	人行交通换乘，站房功能串联，旅客候车，少量机动车场站	北京站	长280m 宽90m 总面积约2.3万m²
阶段二 站场一体，局部叠合	线侧+线上站房，局部叠合布局，进出分层，广场是交通组织核心	人行交通换乘，站房功能串联，大量机动车场站，上落客专用道路，封闭性景观	杭州站	长250m 宽170m 总面积约3万m²
阶段三 站轨一体，交通叠合	线上站房，广场/站房/站场立体叠合，换乘大厅组织交通广场，交通弱化，超尺度	部分交通换乘，部分机动车场站，上落客专用道路，绿地景观	郑州东站西广场	长280m 宽240m 总面积约6万m²
阶段四 站城一体，城站叠合	城市开发与枢纽立体叠合，广场以承担市民公共活动为主，尺度宜人	少量交通换乘，少量机动车场站，开放式景观，物业开发	西九龙站	长220m 宽140m 总面积约2.4万m²

(2)空间尺度与形态

广场空间的超尺度是第三代枢纽广场的主要问题,造成这种情况的原因,除了对宏伟空间的过度追求外,还与规范要求的滞后性有关,尽管大量交通功能被放入地下,实际设计中站前广场的面积依然会按照最大聚集人数或高峰小时客流量下不小于$4.8m^2$/人的规模设置。

站城一体模式下的城市广场,尺度将被整体压缩,在满足最高聚集人数临时疏散要求的前提下,可以按照城市服务功能的具体需求设置,其形状与空间层次也变得更为丰富灵活(图5-7)。西九龙站的站前广场仅1.4万m^2,高峰日客流却可达10万人次。广场的自由曲线形状与流线形站房互补,方便城市各处汇集而来的人群交往互动。此时的广场,已经不再具有站前广场的固定形制,也不以宏大叙事为出发点,而是真正成为属于市民的公共空间。

(3)城市界面

当传统的仪式性功能被剥离,枢纽不再需要超尺度广场来烘托其独特,城市界面变得与城市环境更为和谐统一。这种特点实际上为设计师提供了更广阔的空间,以西九龙站为例,其被设计为屋顶地面层朝入口向下弯曲,而上方的屋顶结构指向天空。由此打造出一个45m挑高的空间,将聚焦点集中于南立面,望向香港中环的天际线和太平山顶及远处。从广场前看去,垂直视角达34°,柔美的造型占满全部视角,并不宏伟的建筑尺度依然给每一位到来的人最直接的视觉冲击,让人想要进入广场并融入其中(图5-8)。

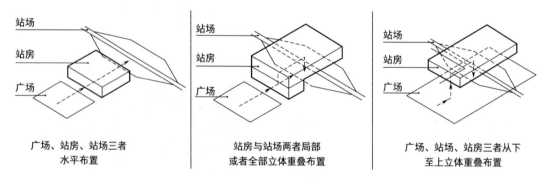

图5-7 广场、站房、广场三者之间存在的位置关系
图片来源:建筑设计资料集(第三版)第七分册

图5-8 西九龙站广场视角

5.3.2 现行规范中站前广场的指标要求

对于站前广场的指标要求，目前已出台的规范基本都以最高聚集人数为基本输入条件，但人均面积的取值存在一定有差异。

《铁路旅客车站建筑设计规范》GB 50226—2007（2011年版）中规定，客货共线铁路旅客车站专用场地最小面积应按最高聚集人数确定，客运专线铁路旅客车站专用场地最小面积应按高峰小时发送量确定，其最小面积指标均不宜小于4.8m²/人。此标准包含了停车场地部分（约2.96m²/人）和旅客活动地带（约1.83m²/人）。

根据《城市客运交通枢纽设计标准》GB/T 51402—2021中的规定，换乘广场或换乘厅内用于交通换乘的使用面积的计算公式为：$S_h = Q_h \times S_i$。其中S_h为换乘广场或换乘厅内用于交通换乘的使用面积（m²）；Q_h为换乘广场或换乘厅的最高聚集人数；S_i为人均使用面积（城市综合客运枢纽不应小于2.3m²/人，城市公共交通枢纽不应小于1.9m²/人）。

在《建筑设计资料集》（第三版）第七分册中，给出了车站广场的面积参考指标（表5-2）。表格中依次给出了人均总面积指标，以及广场的旅客活动地带、停车与车行道、绿化等不同功能的面积占比，依据表格可以测算出，旅客活动地带面积指标约2.4~2.88m²/人。

综合以上规范可以看出，现行设计规范和参考文献中对于站前广场的指标规定存在较大差异，这种差异既体现在人均面积指标的数字差异（各规范中用于旅客活动的面积指标，范围在1.83~2.88m²之间，相差近50%），也体现在站前广场功能类型的差异（除旅客活动区均给出明确指标外，总体指标、停车与车道、绿化等不同功能区，部分规范缺少具体的指标要求）。这种差异性也反映出铁路客运枢纽的迭代升级方向。对于停车场与车道用地，由于利用地下空间解决车辆停驻成为大趋势，因而站前广场的交通场站的面积需求被大幅度消解，需要地面与地下空间统筹考虑，以前的指标不再适用。旅客活动地带中，综合交通换乘功能也随着车辆场站一同地下化，地面广场的交通换乘功能进一步弱化，城市服务功能逐渐强化。地面的绿化景观占比呈现提升趋势，部分城市的站前广场已经成为城市公园的一部分（如杭州东站），站城一体化的站前广场还将融合各类物业开发功能，站前广场的设计更为灵活多变（表5-2）。

车站广场的面积参考指标　　　　　　　　　　　　　　　　　　　　　　表5-2

旅客车站规模	旅客活动地带（m²/人）	各部分占总面积百分比（%）		
		旅客活动地带	停车场、车行道	绿化等
特大型	6.0	48	42	10
大型	5.0~5.5	48	42	10
中型	4.5~5.0	58	27	15
小型	4.0~4.5	64	14	22

注：本表面积不包括公交车辆停靠站，本表按最高聚集人数计。
资料来源：《建筑设计资料集》(第三版)第七分册。

　　站前广场中用于旅客活动的面积指标，范围在1.5~2.9m²之间，波动范围较大，本书暂取2.2m²/人作为参考标准。而在前文列举的实际案例中，我们可以看到，多数车站的设计指标是远高于这一标准的，三代枢纽的情况尤其突出（表5-3）。

车站广场用于旅客活动的面积范围　　　　　　　　　　　　　　　　表5-3

车站名称	最高聚集人数（人）	需求站前广场人行区面积（万m²）	实际站前广场人行区面积（万m²）
北京站	10000	2.2	2.3
杭州站	5200	1.14	1.24
合肥南站	9000	1.98	2.67（仅北广场）
郑州东站	5000	1.1	3.35（仅西广场）
济南西站	4000	0.88	6.15（仅东广场）

5.3.3 太原南站站前广场功能及尺度

太原南站是山西省内第一座高铁站，是标志山西进入高铁时代的象征，设计最高聚集人数为4000人。枢纽设东西两个站前广场，西广场为主要的客流集散广场，地下规划有城市轨道交通接驳，东广场为交通辅助性广场，本书主要针对西广场进行介绍。

在规划初期，枢纽整体遵循着第三代枢纽的设计特点，地下交通接驳，地面以超尺度的站前广场来打造城市标志性门户空间。依据最早的太原铁路南站周边用地控制规划图，西广场总长约760m，进深达300m，总用地面积约20hm^2，面积指标达50m^2/人，是《铁路旅客车站建筑设计规范》GB 50226—2007（2011年版）要求的10倍，彼时如果延续第三代枢纽站前广场的模式，是对土地资源的极大浪费。因此，设计首先扭转了广场单一交通功能的思路，明确了以交通功能为主导进行复合城市开发的设计需要，打造华北首个"站城一体"的综合交通枢纽的总体策略（图5-9）。

图5-9 太原南站原用地规划图

设计在全面梳理了各类功能需求后，将太原南站枢纽西广场化整为零，划分为"两带六块"（图5-10）。其中，靠近站房一侧为交通接驳带，北侧设置常规公交场站，南侧设置出租车与社会车落客区，常规公交候车、出租车与社会车蓄停车及上客区则深入地下，与城市轨道交通及铁路出站层直接接驳，大幅度缩小了对地面空间的占用。正对站房的区域为疏散广场，与站房同宽，总面积约1.4万m^2，可完全满足最高聚集人数的疏散要求。临城市道路一侧为城市服务带，中央设市民休闲广场，与站前广场对接，南北两侧沿广场对称布置物业开发功能，最南侧地块以道路单独隔开，为远期开发预留。优化后，各地块的尺度已相对可控。

图5-10　太原南站枢纽西广场"两带六块"结构

市民休闲广场延续站房面宽，总宽约210m，仍然远超70m的人体感知界限，于是广场被进一步划分为70m左右的三段：中轴空间开敞庄重，沿轴线串联树阵、喷泉方阵、下沉广场、疏散广场与站房入口，形成仪式性序列；两侧则是绿树掩映、落英缤纷的城市公园，设有形式各异的景观构筑物，形成半私密休憩空间，使置身其中的人们享有一份喧嚣中的宁静（图5-11）。城市公园向南北延伸，就进入了两侧的物业开发群组，融办公、酒店、美食、购物、娱乐于一体，为乘客及市民提供一站式生活服务。

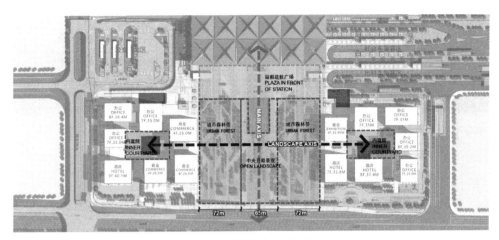

图5-11 市民广场剖面尺度分析图

5.3.4 太原南站站前广场对城市界面的塑造

和同一时期很多高铁枢纽一样，太原南站枢纽西广场的地块条件，客观上给城市界面的塑造带来巨大挑战。广场进深约260m，屋面最高处为35.6m，在广场前的太榆路，站房所占垂直视角仅8°，从人行视角很难拥有强烈的视觉感知；而580m长的横向展开面，已是视觉感知极限的数倍，广场已经完全失去了边界感与围合感，广场上的公众也失去了对周边城市环境的基本感知。

既然站房过于遥远，太原南站选择用两侧的开发建筑弥补城市界面的缺失。在航空限高下，开发建筑无法通过竖向的超尺度为枢纽打造门户制高点，于是选择与环境共融，与文化共鸣。两组小体量的围合建筑群临城市道路布置，拉近了广场与城市的距离，但不至于无视站房、喧宾夺主。开发建筑同时为中央城市广场重新勾勒了边界，一个"U"形围合的广场应运而生，既强化了中轴序列，也为空旷的广场带来了人间烟火气。

各单体建筑之间用一系列红色连体镶嵌串联，强化建筑空间雕塑感，赋予建筑独特而强烈的个性（图5-12）。单体建筑与"红色连体"的组合，使建筑既能独立使用又能组合使用，在业态使用上具备强大的适应性。沿街立面采用国内首创的双层钢索幕墙，外层竖向流线型肌理，疏密有致，使建筑透出灵动婉约的气质（图5-13、图5-14）。立面设计还对日景、夜景效果做了针对设计：内立面采用灰度LOW-E玻璃，映衬碧空云影，突出白天效果；每条钢索顶/底设超长距射灯，夜晚照亮钢索凸显质感，与室内灯光交相辉映，成为展示其城市魅力的最佳舞台。

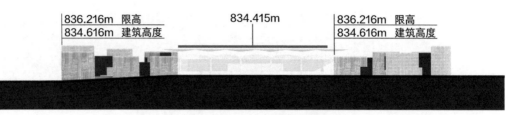

图5-12 太原南站枢纽城市界面高度分析图

图5-13 沿太榆路城市界面

图5-14 沿广场城市界面

5.4 站城一体特色公共空间的设计与思考

5.4.1 站城一体公共空间的特征

"站城一体"是指以交通枢纽为核心,实现车站空间与城市空间的高度融合的集聚式开发模式。在此模式下,交通、商业、文化等多样的城市功能在有限的空间内聚集,形成"综合叠加效应",既能节约土地资源、提高城市运行效率,也可通过枢纽的核心催化作用带动周边区域的发展。这种"站城一体"模式落实到公共空间上,其重要特征包括以下几个方面。

1. 多基面的网络结构

传统模式下的城市公共空间结构,通常以地面空间为基面,各类公共空间都在二维的平面上展开。而站、城要素在空间层面的立体聚集,则令这种模式下的公共空间在地下、地面、空中等多层基面展开,进而形成复杂的层级体系与立体的网络结构。其连通效率较二维平面模式实现了量级式提升,有效解决了人车分流问题。丰富的空间层次使枢纽与城市公共空间的衔接拥有更多可能性,成为站城一体的底层架构。

2. 标志性的竖向节点

竖向联系是公共空间的多个基面能够形成网络的重要节点,也是支撑人流快速到达各个基面的核心。这里需要承载交汇的人流与大量竖向交通设施,需要充足的空间尺度确保交通流畅与疏散安全。同时,这里也是重要的导向性空间,多基面的公共空间系统需要以此为核引导人们去往位于不同基面的目的空间,因而空间本身应具备标志性,通常会以中庭、下沉庭院等形式出现。这类标志性竖向节点往往既是交通核又是商业核,也往往是站城一体化最直接的体现。

3. 模糊的空间边界

站城一体理念的突出特征,就是车站与城市的边界变得模糊,车站与城市成为统一整体,这种融合正是依托于公共空间的融合实现的。在此模式下,枢纽公共空间已经是城市公共空间的一部分,枢纽公共空间服务的,不仅仅是车站交通设施的使用者,也将承载广大普通市民的日常社会生活。

同时,空间边界的模糊性也体现在地下空间与地上空间的无缝衔接,室内空间与室外空间的多维互动，交通功能与商业服务功能的复合包容。无论是旅客还是周边的市民可以在不知不觉中完成空间的切换，感受更为丰富的空间层次，满足多样化的空间需求。

5.4.2 慢行系统的串连是站城一体的核心

公共空间，可以认为是"向公众开放使用的，满足以步行行为为主要特征的各类活动要求的场所"，因而与步行者行为需求存在着共生关系。而在TOD理念中，确定TOD开发圈层半径的基础逻辑就是行人从车站步行5min至10min可到达的距离。站城一体公共空间多基面的网络结构，也是依托于步行者的立体动线构建。因而，慢行系统的串联是站城一体公共空间的核心要素。

东京涩谷站是日本践行"站城一体化"开发的典型代表。涩谷站是日均换乘人数世界第二的巨型交通枢纽，汇集了4家轨道公司的9条线路，每天换乘人数超300万人次。作为"都市再生的紧急整备地域"，主导机构针对涩谷站周边环境特征制定了三点基本建设方针，其中首要提出"通过强化交通节点功能，促进舒适宜人、简单易懂的步行者网络形成"。[1]实际项目中，涩谷站及周边区域基于人行连通需求与高差地势，打造出从车站到周边区域的立体步行网络，缝合了被山地与轨道割裂的城市空间，激发了区域活力。在慢行系统纵向联系的节点空间，涩谷站首先采用了"城市核"概念，结合商业开发核心空间设置贯穿地面、地下、天桥的多层"城市核"，实现区域的顺畅衔接与人流的持续导入（图5-15）。

图5-15　涩谷"城市核"
图片来源：《站城一体开发——新一代公共交通指向型城市建设》

1　日建设计站城一体开发研究会. 站城一体开发——新一代公共交通指向型城市建设 [M]. 北京：中国建筑工业出版社，2014.

5.4.3 太原南站枢纽站城一体的公共空间

作为华北地区较早提出以站城一体为理念建成并运营的大型综合交通枢纽，太原南站枢纽在交通枢纽功能之上复合了24.6万m²城市开发功能，实现了商业动线与交通枢纽换乘动线的无缝交接，将站与城的功能一体串联在一起。不同功能的公共空间，通过室内和室外、地上和地下多层次的穿插和共享，形成站城一体的有机融合。按照公共空间结构的多基面网络结构，太原南站枢纽的公共空间系统可分为地下、地面两个竖向层次，并在这两个层次分别与城市慢行系统衔接。

1．地下——由人流组织及节点空间串连的站城一体空间

太原南站铁路客运枢纽旅客人流进出站方式为平进低出，即地面层进站，地下一层出站。为实现零距离换乘，城市轨道交通、常规公交候车、出租车、小汽车等核心交通功能均位于地下一层，人流量最大，流线最复杂，因而国铁出站层（地下一层）成为站城一体公共空间的核心基面。

整个基面的结构以步行空间作为骨架与动脉。从客流构成的基本结构出发，核心换乘客流为铁路客运枢纽—城市轨道交通之间的换乘，因而沿铁路客运枢纽出站方向就近布置城市轨道交通站厅，形成纵向换乘中轴。为避免城市轨道交通对地下空间的阻隔，增强空间辨识力，城市轨道交通站厅被一拆为二，双厅布局使中轴一路延伸至室外下沉庭院与地面广场，以空间尺度的收放与明暗环境的对比，引导"站""城"人流无缝衔接。次要的换乘客流为国铁与常规公交车、出租车、小汽车的换乘，于是常规公交候车厅与出租车小汽车场站分置两侧，形成横向换乘长轴，沿长轴设置有节奏的采光天窗，形成视觉引导。横轴与纵轴的交叉点，为换乘的核心空间，设置有进深44m，面宽94m的换乘大厅，通过空间抬升与增加中轴跨度的手法，整座大厅开敞通透，既满足了人流交互集散的空间需求，也成为视觉的核心。交通设施围绕换乘核心立体布局的手法，大幅缩短了交通换乘距离，确保了全交通方式换乘的高效便捷。

沿着以交通换乘为核心的横轴与纵轴（图5-16），地下公共空间从两侧向广场延伸，与地面城市开发的地下空间融为一体，形成了符合商业开发需求的洄游流线，公共空间结构由线成环，变得丰富而灵动。餐饮、娱乐、文化、购物等多样化的城市功能沿着公共空间环网嵌入，促进了空间形态、尺度、主体与氛围的多样性，能够满足乘客与城市使用者的各种个性化需求。空间布置与流线组织的耦合兼顾了交通需求的便捷性与

商业需求的经济性。

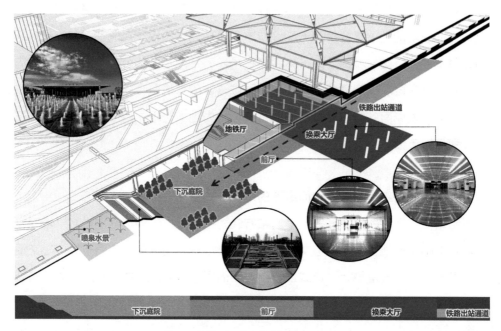

图5-16 纵向换乘轴

2. 地面——由室外场所共享的站城一体空间

地面广场与地下一层相辅相成，沿空间结构的各个节点设置了一系列不同尺度、不同主题的下沉式庭院，核心空间的自然光引导使地下空间地面化，成为地面与地下双基面共同的公共空间节点，拉近了与户外环境的距离，也模糊了地下与地面的空间界限（图5-17）。

地下的纵向换乘中轴经中央下沉式广场延伸至地面，与广场中轴空间一体延续，打造仪式性进出站空间。两侧开发建筑以围合建筑群的形式布置，以室外下沉式院落为空间核心，暗合山西传统建筑文化。中央的院落是地面与地下双基面共同的公共空间节点，将似锦繁花与茂林修竹引入建筑内部，形成一条平行于车站主立面、立体流动的景观轴线，为建筑室外的商业及休闲区提供尺度宜人的林下空间。

3. 与城市的慢行系统的连接

随着周边区域的逐步开发，太原南站枢纽的地下步行系统将进一步向周边拓展，优化重构城市肌理，每天将十几万人输送至周边的商业、文化、办公等城市公共设施，高效运转的同时激发综合交通枢纽区域的永久活力。

图5-17　室外下沉院落

5.5　地下特色公共空间的设计与思考

轨道交通综合枢纽是集至少两种交通方式于一体的综合性交通枢纽，可以实现高铁、地铁同站域换乘。随着城市的发展，对城市交通综合性枢纽的要求也越来越高，完善的基础设施和合理的空间布局是综合枢纽健康持续运行的有力支撑。

5.5.1　国内大型枢纽地下公共空间普遍问题

枢纽的换乘大厅常设于地下，空间宽大，功能综合，承载着大量的人流与活动。这类场所对设计效果有诸多功能性要求和人性化需求，但在既有的实际项目中仍存在诸多问题。

1．大厅高宽比不足，视觉体验压抑

换乘大厅是区域的客厅，对形象有较高要求。与地上大厅不同，地下大厅常显得矮小压抑，究其原因，往往有以下几个因素。

（1）结构层高受限。出于结构荷载和消防等考虑，地下大厅层高受限，相比地上建筑有天然的劣势。

（2）顶部设备占用空间过多，压低净高。既有项目做法对设备管线缺少统一调配布置，使得顶部管线杂乱交织，压低吊顶，使得净高减少。

（3）柱距短，柱径粗，高宽比不足。地下空间需要考虑的荷载较多，柱子常常既粗又密，对空间的视觉造成分割。短柱跨与低净高结合，使得空间高宽比不足，显得低矮。

2. 空间整体昏暗，点光源炫光明显

换乘大厅对光环境指标有较高要求，既要保证照度足够，以满足功能性需求，又要力求均匀柔和，以提升舒适性体验。常见的设计做法存在两方面问题。

（1）装修做法偏向灰暗。在标准化室内装修方案中，吊顶常选用深色做法，以遮挡顶部管线；地面和墙面常选用灰色系大理石或其他硬质材料，以提升品质档次。这种做法忽略了地下空间的既有缺陷，营造了一个整体灰暗的空间基底，使得地下封闭的空间显得更加逼仄、狭小而压抑。

（2）点光源炫光明显。在室内设计中，为了提升光环境的均匀与柔和，常选用面光源。但地下公共建筑对材料的防火性能要求更加严格，要求使用A级防火材料，而面光源中的散光板是B级防火材料，因此在地下公共建筑难以使用面光源，常用点光源。点光源仅能满足照度，实现基本的功能性需求，但难以保证光环境的均匀性和柔和度，存在炫光、照度不均匀等问题，使得地下公共空间缺少舒适性。点光源炫光与昏暗背景形成亮暗的强烈对比，由于边缘对比的马赫带效应，使得人眼在如此设计的空间环境中，觉得亮处更亮而暗处更暗，更加恶化了室内光环境的人眼感受。

3. 背景噪声过强，语音辨识不清

乘客在换乘大厅中有交谈和收听广播的需要，因此对空间声环境的语言清晰度有较高要求。而既有的换乘大厅常给人一种嘈杂喧闹、信息不明的感觉，这主要有以下几个原因。

（1）混响时间过长。混响时间越长，语音的清晰度越低，室内也会显得越嘈杂。大厅空间容积大，往往具有较长的混响时间。为了降低混响时间，需要增加吸声措施，而许多既有的大厅对此缺少设计和考虑。

（2）设备背景噪声过强。大空间需要设置许多设备端口，如空调、新风等。这些设备

发出的声音就属于空间中的背景噪声。这些设备背景噪声集中于低频，响度又强，对人声清晰度有巨大影响。

4．双铁统筹不足，缺少空间引导

传统模式中，地铁与高铁之间界面分割、自成一体、互不干涉、缺少整合。两单位各自按照标准做法设计站厅，地铁站厅挡在高铁换乘大厅和地面广场出入口之间，对整体人行流线形成阻断与切割。地铁站厅两侧往往通过设置多条附属通道，实现高铁大厅与地面出入口之间的联通。这种空间逻辑造成诸多问题。

（1）慢行体验感不佳。多条通道的存在使得单条通道的宽度缩窄，通道的绕行使得步行距离增加。

（2）乘客的视线被地铁站厅阻隔，连续性明显减弱，造成空间方向感和引导性降低。这种降低是空间逻辑层面引起的，难以通过后期的标识系统进行改善。

（3）运维难度增加。多条通道需要更多的设备及人力支出，增加运维成本和难度。

5.5.2 有限条件下的地下公共空间设计

1．枢纽地下空间的基本布局

枢纽是交通流线聚集的中心，空间的使用对人流的快速通行和疏导有很高的需求。与地上空间不同，地下空间常缺少方位因素。传统做法通过文字标识进行引导，但人们对文字缺少敏感性，难以实现高效引导的目标。

太原南站创造了一条序列化的空间秩序，以引导出站人流。乘客出站会依次经过换乘大厅、前厅通廊、下沉庭院和喷泉，来到室外地面。在这个序列中地铁站厅被分为两个，设置在前厅两侧。

出口景观的标志性，为地下空间提供了一个明显的方位信息。太原南站将下沉庭院放在出站通道的正前方，借用室外地形的高差，用畅通的大台阶连接了地上和地下的空间。乘客在换乘大厅中就能看到下沉庭院的位置。下沉庭院结合台阶设置了喷泉、树池等景观，在两侧设置了商铺店面，蓄起一片绿意与阳光，形成了地下空间中一个重要的视觉吸引点。乘客从高铁出站，视线会自然地被庭院的阳光吸引，从而发现出站的方向，这种敏感性远比文字标识更为高效。随着乘客走向出口，会继续看到庭院的景观、周边的商铺、远处的喷泉。这种出口景观的提示，提供了辨别出口所需的信息，也引导着乘客进行下一步探索。

空间序列的打造，大大提升了地下空间的导向性与换乘效率。与传统的枢纽不同，太原南站塑造了一条正中心的换乘中轴。出站的路径缩短，乘客无需绕行，视线也没有遮挡，可以直接看到轴线所形成的线性空间序列。这种序列也提供了良好的方向性，为地下空间提供方向感。同时，换乘中轴的设置真正将人流形成集中的换乘节点，提升了空间的辨识度，有利于乘客在多种交通方式中实现快速的无缝换乘。

2．地下主空间的多专业协调

太原南站为了打造主空间效果，对结构、设备、内装修等多个专业进行了统筹协调。

图5-18　换乘大厅实景照片

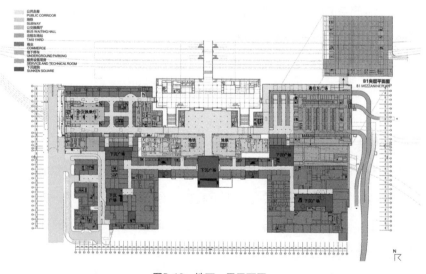

图5-19　地下一层平面图

在有限的层高条件下，为了提升换乘大厅的高度感受，一方面与暖通专业协调，将空调采用墙上侧出侧进的布置方式，最大限度地减少了顶部风管所需的空间，为吊顶提供了调整净高的余地。同时，在结构专业设计优化的支撑下，在换乘大厅采用大跨度预应力结构，增大柱跨间距，改善大厅的视觉感受，形成了较为开阔的视觉体验（图5-18、图5-19）。

在此基础上，太原南站地下空间的序列化设计被进一步强化。通过对吊顶形式进行多方案比选，最终设计的吊顶有微微的弧度，中部偏高，两侧偏低，进一步增加了换乘大厅轴线视角的开阔性。同时，在结构设计优化中，对前厅的柱跨进行局部抬高和加大，进一步贯通中轴空间的一体效果。最后，对灯光进行设计，通过泛光的引入，打造柔和舒适的空间风格，进一步增加人们视觉感受的高度。

3. 城市轨道交通双厅布局的创新手法

作为太原重要的轨道交通综合枢纽，太原南站同时布局了城市轨道与铁路两种大运量公共交通方式，并且实现了两者的联合建设，切实体现了车站功能的复合效应。为了减少封闭地铁付费区的影响，枢纽设计中通过地铁站厅浅埋和地铁站厅双厅布局，太原南站巧妙地将地铁和高铁的步行系统合为一体，进一步促进了两种交通枢纽的功能融合（图5-20）。

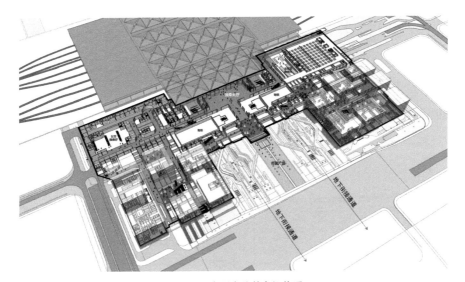

图5-20 太原南公共空间体系

通常情况下，若高铁出站通道设置在地下一层，则地铁站厅一般会设置在地下二层。这种传统做法有利于防火及工程界面的划分，但增加了高铁与地铁之间的换乘距离，降低了换乘效率。同时，因为地铁埋层较深，也在一定程度上增加了建设成本。太原南站实现了地铁浅埋，将地铁站厅与高铁换乘大厅同层布置，设置在地下一层，显著提升了高铁与地铁之间的换乘效率，同时地铁浅埋极大地降低了建造成本，城市轨道交通浅埋设计比传统模式节省造价达36%。

浅埋的地铁站意味着站厅出入站客流与枢纽地下主动线有潜在的冲突，为打破地铁站厅对高铁出站流线的阻隔，太原南站采用了国内首创的大型枢纽城市轨道交通双厅布局。将地铁站厅一分为二，中间插入前厅通廊，实现了换乘大厅与出口下沉式广场之间同层直接连通。双厅布局打破了城市轨道交通阻隔，增强了地下空间辨识力，实现了到站旅客的快速疏散，也连接了城市功能，形成了畅通的"站—城"交通系统，大大提升了通行效率。

4．声环境及光环境设计的高效配合

传统大型枢纽的地下公共空间，普遍存在环境幽暗、照明能耗大、眩光等问题，且声环境嘈杂，效果欠佳。为了提升建筑声光环境，太原南站在设计之中，发现顶棚的覆盖范围大、面积广，是灯具与暖通风口等设备布置的重点场所，也是改善声光环境的关键媒介。

常见的顶棚做法对吸声降噪考虑不足，尤其是针对低频噪声。高大空间本身容积巨大，大量的空气对高频噪声有显著的吸收效果。而低频声是车辆、设备噪声的波段，声压等级高，不易被吸收，混响时间长，且对人声有掩蔽作用，会降低语言清晰度。

在光环境方面，由于地下公共建筑要求使用A级防火材料，而面光源中的散光板通常都是B级防火材料，因此地下公共建筑难以使用面光源，常用点光源，存在眩光、照度不均匀的问题。

针对以上缺陷，设计团队潜心研究和设计，综合多年从事相关产业的经验和成果，研究设计出一种吸声发光的A级防火集成吊顶（图5-21）。该吊顶做法具有以下优势。

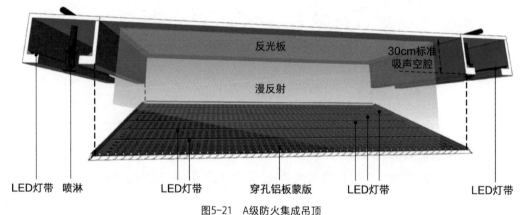

图5-21　A级防火集成吊顶

（1）在考虑消防规范与喷淋布置的前提下，利用吊顶单元的穿孔板和腔体空气层，同时实现了地下大空间的吸声降噪和均匀的泛光照明，改善了室内的光环境与声环境。

（2）利用多孔材料与声学空腔的吸声原理可以将室内环境声级降低约10%，吸声系数可达0.6，对低频噪声的降噪效果尤其明显，能有效吸收设备产生的背景噪声，降低低频混响时间，减轻低频声对人声的掩蔽作用，提高语言清晰度，有效缓解因语言清晰度不足而大声说话造成的恶性循环。

（3）泛光照明提供了高而均匀的平面照度，有效避免了眩光与照度不均匀的问题。

（4）此种集成吊顶构造简洁，方便施工装配、日常检查、维修更换，同时可以大大节省运营维护成本。适用于交通枢纽、大型公共建筑等对空间光环境和声环境有品质要求的建筑，尤其适用于必须使用A级防火材料的大型地下公共空间。

第 6 章

提升——太原南站枢纽的综合开发与利用

6.1 新一代综合客运枢纽发展趋势

6.1.1 综合客运枢纽一体开发的意义与历程

在世界范围内，实现现代城市的可持续发展，已成为许多国家的普遍共识，推动城市紧凑集约的发展模式成为重要途径。紧凑城市主张科学界定城市空间、合理控制城市扩张、集约利用城市土地，通过高效、便捷的城市交通强化城区的紧密联系，以满足民众的交通需求。枢纽站前开发，正是基于铁路客运枢纽与城市空间的协同化发展而产生的。

基于铁路的轨道枢纽一体化开发理念，最早产生于日本，相关实践活动早在20世纪初的日本轨道交通建设热潮中就已展开。通过梳理日本站城一体开发中的发展脉络，可以看出不同时期的站城一体开发模式各有特点，从早期的业务拓展、到中期的集中开发、再到后期的精细管理，但却具有共性特征：即以城市轨道交通站点为中心，充分依托交通优势，引导城市产业集聚，以推动站城功能协同开发、共同发展。

在铁路客运枢纽站前开发的理论研究上，日本结合站城一体开发提出了"客站节点"理论，即主张以铁路客站为核心集聚城市功能，以引导客站多功能体系的形成与空间利用，推动多极化城市形态的发展；苏联提出"交通枢纽"理论，即通过多元化交通方式构建综合运输体系，以强化铁路客运枢纽的交通主导性；欧洲国家则依托完善的铁路基础设施，在客站规划建设中形成了"支点更新"理论，通过引入高铁等现代交通方式，带动既有客站的改造更新，并使站域地区重获发展活力。

受诸多因素影响，我国早期铁路客运枢纽对站前的研究与实践都不够深入。21世纪，随着我国进入铁路发展高速时期，我国在此领域的研究与实践不断展开，尤其2013

年《国务院关于改革铁路投融资体制加快推进铁路建设的意见》(国发〔2013〕33号)以及2014年《国务院办公厅关于支持铁路建设实施土地综合开发的意见》(国办发〔2014〕37号)的相继发布,从国家层面指导铁路建设并鼓励对铁路车站周边区域实施综合开发和多元化经营,以达到提升铁路运营效益、改善铁路客运服务质量的目的,并最终促成铁路建设和城市发展的良性互动机制。随后,广东、河北、四川、江苏、湖北等省市先后出台了关于支持铁路建设推进土地综合开发的相关政策文件。当前,基于铁路的TOD综合开发已经成为各省市推进铁路建设的普遍策略。

6.1.2 轨道交通枢纽与综合开发的关系

高铁时代背景下,随着站城关系的日益紧密,新一代站城一体化设计需要充分融合各类城市要素,根据不同的客站类型进行科学规划与灵活设计,推动站城动态化衔接、系统化融合,从站城之间的整体关系入手,注重与城市交通、社会环境及民众生活的相互协同,使枢纽全面融入城市空间,成为助力城市发展的重要引擎。关于当前国内既有关于未来新一代TOD站城一体的规划设计趋势,更有研究提出可由可持续理念、协同理念以及以人为本理念来共同引导。

1. 可持续理念

实现可持续发展作为当代城市的共同目标,需要在城市规划及建筑设计中得到全面深刻贯彻。可持续理念在建筑设计中追求与环境相融,降低环境负荷,注重对环境资源的合理开发与集约使用。铁路客站作为城市枢纽与活力中心,与城市环境联系紧密,应在客站的规划设计中全面贯彻可持续理念,提高枢纽与城市空间在环境、功能、资源等方面的统一性与协调性,降低客站介入城市产生的干扰与影响,延长枢纽的建筑寿命与使用年限,确保站城关系的良好协同与长远发展。

2. 协同理念

协同理念提出了子系统之间通过复杂方式进行相互协调与竞争,以实现系统从无序到有序的发展的基本理念。其核心是推动城市建设可持续发展,需要以城市交通为支撑、以枢纽为立足点、以站城之间的交通协同为基础,建立客站与城市、民众的整体协同关系,从单一的交通协同发展为站城功能的全面协同,以形成良好的站城协同关系、提高站城融合的整体效益。

3. 以人为本理念

人既是可持续发展的核心也是枢纽存在的价值所在。因此，铁路客站作为城市的公共交通建筑与大众活动场所，其规划设计必须全面贯彻以人为本理念，通过便捷的交通系统、完善的服务体系、舒适的客站环境以及人性化的管理方式，以营造安全、高效、便利、舒适的优良环境，满足人们在物质、精神上的双重需求。

6.1.3 综合开发利用的典型特征

在上述理念的指引下，铁路客运枢纽站前综合开发通常须遵循的基本规划要素包括公共交通服务的配置、实施范围的框定、开发强度的强化、土地混合使用与步行环境的设计等五个方面。

1. 公共交通的配置

公共交通是枢纽综合开发的核心要素。铁路客运枢纽包含多种不同的公共交通系统，因此综合开发与公共交通运营相辅相成，并根据服务频率、容量、速度等体现不同的运营模式和服务特征。因此，综合开发要根据不同公共交通系统配置因地制宜。成功的综合开发既有赖于常规公交服务水平，也会回馈增强常规公交服务的吸引力。

2. 实施范围的框定

站前综合开发的范围与公共交通系统的类型和接驳模式直接相关。一般情况下，站前综合开发范围主要取决于步行出行的合理距离，约10~15min（即500~1000m）。在综合开发核心街区之外还可设计次级区域。近年来，也逐渐出现"集群枢纽"概念，即在城市轨道交通的支持下，以高铁站点为核心，轨道交通10~15min以内可到达的轨道站点区域，形成网络化、条带状的综合开发形态。

3. 开发强度的强化

较高的开发强度是综合开发模式最基本的特征之一。综合开发的目标原则之一就是通过提高强度以增加土地使用效率。这样，基本居住和就业密度既可以增加公共交通的客流量，同时也成为支持综合开发范围内商业、商务及其他活动所需要的消费市场的基础。

4. 土地混合使用

土地功能混合是综合开发模式的另一个主要特质，其目标是多重的。这其中包括职住平衡、便利服务、社区活力等。综合开发范围内功能混合显然有利于改善公共交通客流在时空上的平衡，同时也可减少公共交通的峰值或潮汐效应。

5. 步行环境的设计

由于综合开发的空间尺度一般是基于步行距离而界定的，因此良好的步行环境是综合开发模式成功的关键之一。步行是综合开发范围内最重要的出行方式。空间组织，街道和交叉口设计等应考虑步行的安全、便捷和舒适。其他模式，如自行车、社会小客车、出租车以及接驳常规公交，都应以步行为核心实现便捷衔接。

6.1.4 综合开发利用的理论模式

稍作研究就会发现，以轨道交通为核心的综合开发和利用已有非常丰富的成果。相应总结出的典型开发模式、模型也有很多，其中最常见的有以下几种。

（1）TOD：Transit Oriented Development

这是以公共交通为依托，创造城市交通和土地协调发展的开发模式，强调交通引导面扩大、土地综合利用、产业协同，强调采用规划控制城市有序、有层次的发展；个人认为是更适合大型枢纽站周边或新城及郊区的发展模式。

（2）TID：Transit Integrated Development

该模式强调微观落地，包含政策突破以及操作层面的落地；采用一体化设计，功能高度复合，交通立体化、多首层空间、与周边慢行系统紧密缝合或联动其他交通系统；个人认为是更适合人口密度较高的核心区、老城区站点周边的发展模式。

（3）ROD：Railway Oriented Development

该模式可以简单理解为高铁带动新城的发展模式，是依托铁路客运枢纽带动城市边缘地段的城市发展模式。在中国还有很多类似的模式，例如会展带动新城、行政中心带动新城、大学带动新城、文体中心带动新城等，这些空降的"大项目"可以直接导入产业，并导入一定体量的人口，从而带动城市的发展，在短期内效果明显，可以说是非常典型的"中国模式"。

类似的设计或发展理论还有很多，例如SID（Station Intergrated Developement）、性能化城市设计（Performance Method in Urban Design）、一体化系统城市设计（Intergrated System Urban Design），以上所有这些理论或方法总结下来具备以下两方面的原则：

（1）空间上——土地集约化，交通网络化，功能复合化；
（2）操作上——运营前置，整体策划与设计，政府与市场合作开发、协同各部门分步实施。

6.2 站城一体的枢纽综合体设计的理论与方法

6.2.1 复杂交通流的梳理协调

高铁枢纽周边交通路网通畅便利，快速车行交通以及轨道交通通常可以快速到达，但同时"空降"的高铁与轨道也会给城市带来复杂的交通梳理问题，太原南站与机场相距仅4km，路网的规划与城市未来几十年的发展息息相关，更需要做出相对准确的判断与规划。以太原南站为例，在站点规划初期是以平面交通来解决的，后经多次交通规划的变更，采用了更加合理的立体交通方式，很好地疏解了站前的快速与慢速交通，为片区交通提供更加便利的交通网络，而并没有显著地提升地区的交通压力。

6.2.2 产业发展机遇的挖掘与引导问题

枢纽作为高强度的交通基础设施投资，势必会给区域带来产业等更新的机遇与挑战。这是由于枢纽的引入除了在城市面貌、基础设施上能够得到大幅度的提升，中国高铁网络基本编织抵达全部的一线城市以及大部分的二三线城市，这张密布的轨道交通网络改变了所有城市的产业结构，并为新兴产业带来了更多的可能性，随着互联网普及以及5G网络的建设，中国的线上线下交通的便捷性让更多的城市竞争站在了同一个起跑线上。因此，是否能够精准地盘点自有产业资源并得到可持续的更新和发展是项目成功的关键。

6.2.3 土地资源储备与利用效率问题

产业发展对土地与空间有高度依赖，因此绝大多数地区的发展模式和路径都不能忽略土地使用效率问题。特别是大型枢纽项目，无论是高铁还是城市轨道交通，为项目提供更多的土地资源与储备往往是其成功的关键因素。从这个意义上，每一次新的线路规划与建设实际上都是一次新的土地资源的整理与重新配置的过程。从大的尺度来讲，这是区域之间的联系，但从站点的小尺度来讲，如果没有合理的规划与设计，很多土地的高效率使用是无法自然达成的，特别是在人口密度较高的地区，各个部门和利益主体自成体系的做法往往是整体效率低下的关键原因。例如高铁站厅站台、常规公交、出租车蓄车停车、社会车辆长短期停车、站前集散空间，以及商业配套等，如果各自划地不仅造成大量土地浪费，而且难以实现舒适的步行可达，因此在越来越多的城市都尽可能在政策与机制方面力求突破，通过立体确权、多式多主体协同的方法，地上地下、站内场外统筹考虑，形成越来越集约高效的铁路客运枢纽综合体。

6.2.4 可持续建设运营机制模式问题

统一规划，分步实施，联合各主体共同开发，降低初始资金压力，平衡前期拆迁以及场站的建设成本，并获得部分轨道交通建设运营反哺收入，这是可持续的枢纽建设运营的首要目标。当下，我国地方财政对土地是有非常强的依赖性的，因此规划设计从初始就要以增加可商业化的空间资源为出发点，为地方建设投资主体谋划最大化的资源价值的同时还须考虑资源的获取方式以及项目立项模式。当然，土地价值回补最大化只是传统资金来源的一部分，作为一个百年工程，枢纽还需要更进一步思考未来可持续的资金来源，也就是从长期运营角度出发，以市场策划与运营前置为出发点，深挖地块价值，形成公共利益为主导的开发模式。通常来说，枢纽的综合开发收益来源可以分为地上部分的一级土地出让收入+地下与交通结建部分的自营商业综合开发收益+土地溢价带来的物业收益以及部分可经营的交通设施（如停车场）的运营收益。为此，一个基于综合开发的枢纽的规划与设计早已超越了传统工程设计的范畴。一体化的策划与规划设计，立体确权，分步实施，政府各个部门协同配合，打破政策边界才能做到真正意义上的TOD发展模式。

显然，以上所有问题离不开政府协同各部门如规划、土地、财政、审批等各环节通力合作才能落地轨道交通周边的综合开发类型项目。

6.3 太原南站枢纽综合体的设计与思考

6.3.1 方案的回顾

1. 项目缘起

作为"沟通南北、承东启西"的区域中心城市，发挥着中部崛起"北引擎"的龙头作用，同时作为大太原经济圈的重要支撑点，太原将在山西省经济发展中发挥举足轻重的作用。基于太原市"南移西进、扩容提质"的城市发展战略，依托于便捷的交通优势，太原火车南站片区在上位规划中被定义为太原市新的城市副中心。这实际上是枢纽综合体开发建设中最核心的支撑与定位确认，是后续开发建设的最根本出发点。

根据最初太原市相关建设规划，太原南站枢纽最初的规划用地总共为17.87hm^2，全部为交通设施用地和广场用地，其中南北两侧为交通设施用地，中间区域为广场用地。

在铁路客运枢纽设计之初，设计团队提出为更好地满足太原市北营城市副中心的建设需求，加快太原南站周边区域的快速发展，不仅应优化交通场站布局及流线组织，更要提高土地利用效率，加强车站与城市周边的联系，促进太原南站地区交通、商业、城市形象等多功能一体化的融合发展，并将此作为规划设计的基本目标。通过接驳场站的立体化布局和交通组织的优化集约设计，以缩减站前广场规模等方式，这不仅节约了用地，同时也使得公共交通功能更靠近铁路客运站房，交通换乘资源更加集中，更便于乘客就近换乘。于是，在靠近城市道路的一侧，就集约出来两块用地总共约7.07hm^2，为站城一体化设计创造了良好的基础资源条件（图6-1）。

在用地条件和设计理念得到认可后，业主组织了物业开发部分的国际方案征集，由北京城建设计总院与法国AS建筑工作室组成的设计联合体有幸中标，并对规划与设计方案进行了深化提升。中标方案效果图如下（图6-2、图6-3）。

2. 项目总体定位

太原南站西广场随着高铁的开通，每天络绎不绝的旅客穿行于此，综合开发在设计中力图创造中国全新的站前综合开发模式。通过融入山西本土品牌、历史、人文精粹，打造具有国际化形式风格与本土文化内涵的城市窗口；更在产业规划、功能定位上力图精准对位高铁站周边发展特色，吸引以高端、高附加值产业为主体，实现打造高效、可持续发展的未来之城。

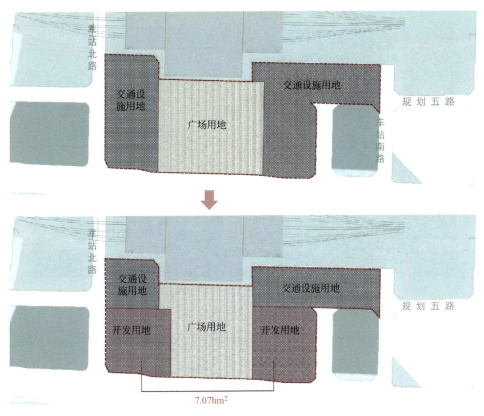

图6-1 太原南站枢纽用地前后变化示意图

图6-2 太原南站设计效果图

图6-3　太原南站局部设计效果图

为此，设计将这部分的功能定位为：(1)山西对外展示城市的新窗口；(2)太原高铁时代的城市新名片；(3)站前商业综合体开发新典范。

这样，未来的太原南站枢纽就不仅仅是交通与商业的综合体的基本组合，更将成为肩负着展示太原文化的载体，设计力图通过设计创造一种全新的站前广场建筑形式，在充分展现太原城市魅力与文化底蕴的同时，提供一个尺度宜人、绿色生态的城市功能综合体与宜人的公共空间。

3. 建筑设计理念

太原南站枢纽距离南侧的武宿机场只有不足5km，航空限高只有40m。在此限高条件下，为更好地烘托高铁站房的主体性，打造山西对外展示的城市新窗口与城市新名片，彼时设计提出以下几条建筑设计理念。

(1) 建筑体量——以分体块式的建筑群落替代庞大的单体综合体

商业开发是太原南站枢纽密不可分的组成部分，为了更好地烘托高铁站房的建筑尺度，设计在高度和体量上都相对适中，以分体块式的建筑群落替代庞大的单体综合体。规划布局上采用了南北两组共十四栋楼，按照中式院落四合包围，形成两组院落空间，与高铁站房形成"品字型"的布局模式。这样，三组建筑共同构成太原南站综合客运枢纽的门户形象（图6-4）。

图6-4 太原南站枢纽总平面图

（2）建筑功能——适应性设计的超前实践实现建筑全生命周期价值最大化

崔愷院士在"呼唤绿色建筑新美学"的讲座中谈到，建筑"长寿化"是实现建筑全生命周期节能减排的重要措施。为了实现建筑"长寿化"，要求建筑从空间、结构、材质到构造的长寿化，实际上指的是建筑的高品质和适应性，可以用得更长久，适合未来功能变化的需要。

太原铁路客运枢纽的设计在前期做了大量的功能业态研究的基础上，设计团队前瞻性地提出建筑功能适应性的理念，以应对未来可能的建筑功能的变化，具体可通过建筑空间适应性与设备适应性两个方面来实现。

空间适应性——建筑单体以"红色连体"镶嵌串联，使建筑既能独用又能组合（图6-5）。内部空间通过对层高、开间进深、流线等不同需求的研究，可实现酒店、办公、商业等不同业态的包容性设计。

设备适应性：设备系统采用分楼栋、分功能相结合的计量方式，并将计量精确到设备末端；预留不间断运营下的增容条件，方便业主对未来功能重新规划。

（3）建筑形象——具有山西传统文化的独特建筑形象

高效和高速，简洁和顺畅是现代交通建筑的特点，作为大型铁路客运枢纽，更应具有鲜明的标志性易于人们识别。为此，本建筑造型由简单几何形体组成，体型高低错落进退有序，线条流畅，使建筑具有动感和气势。

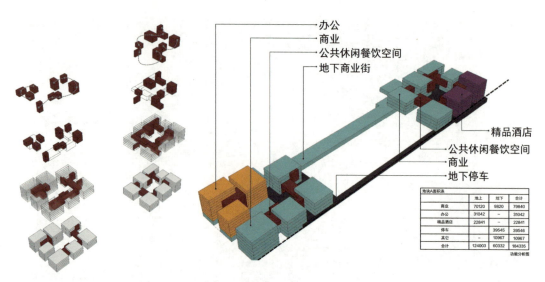

图6-5 建筑之间的连接体示意

在太原南站客运枢纽建筑外立面设计上,拟引入山西省特有的文化符号,打造具有山西特色的门户形象。通过调研走访,设计团队发现太原的编织技艺是山西省的非物质文化遗产,具有强烈的太原文化特色(图6-6),以此为灵感,采用全国首创的双层钢索幕墙,提高建筑的可识别性和趣味性,营造一种朦胧美。

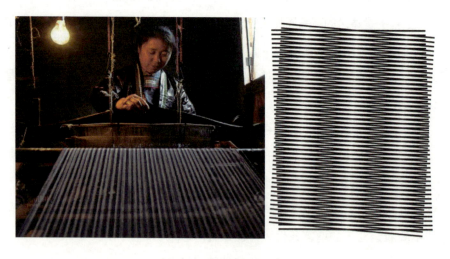

图6-6 山西传统编织技艺

(4)站城融合——通过多种流线连通与空间一体化实现站城一体

综合客运枢纽站城融合的终极目标是利用车站的交通区位优势与大客流特点,促进并带动城市及周边区域的发展，打造城市新的产业核心。在上位规划中，北营地区被定位为太原市城市副中心，而太原南站综合客运枢纽则是副中心的核心，应成为带动城市片区发展的新引擎。为实现综合开发与枢纽的高度融合，设计提出以下两个理念。

1）多流线便捷连通促进站城融合

站城一体综合客运枢纽不仅要实现各种交通方式之间的便捷换乘，还要引导车站人流与物业开发人流的无缝衔接，利用枢纽的大客流快速带动物业开发的发展，同时物业开发的不断发展也会为综合客运枢纽反哺客流（图6-7）。从理论上来说，两者的高度融合是实现站城一体的重要途径。

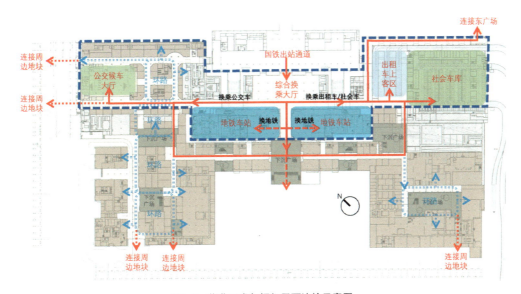

图6-7 物业开发与枢纽平面连接示意图

基于上述需求，太原南站综合客运枢纽在交通流线设计上采用了可生长的理念。设计通过主干环、次干环、连通道三个层级将铁路客运枢纽客流与物业开发客流紧密地联系起来，促进站与城的融合。同时，在铁路客运枢纽外围不同方向也预留了多个连通条件，可延伸至周边地块，带动更大范围城市功能的快速发展。

2）多层次立体连通打造空间一体化

设计结合了太原高铁车站平进低出的客流组织模式，为了促进高铁人流与物业开发的无缝衔接，在物业开发建筑群的设计时，通过一些不同尺度、不同形式、不同主题的下沉式庭院，并采用具有引导性的空间设计，将各种不同尺度的公共空间互相串联，实现地上地下空间的一体化设计与有效连接（图6-8）。这样的设计手法使乘客可以快速到达物业开发建筑群及室外广场，实现了地上地下空间的无感过渡。

（5）经济自平衡——打造"枢纽+物业"反哺模式，实现枢纽经济自平衡

当前，国内绝大多数铁路客运枢纽都需要政府财政补贴才能正常运营。显然，这种财政补贴是长期存在，因此会给政府财政带来长期的压力。该项目在设计之初即提出运营费用自平衡的目标。设计中利用集约出来的7.07hm^{2}的用地，进行了物业开发，通过这些物业开发的收益可用来补贴枢纽运营费用，降低政府财政压力。

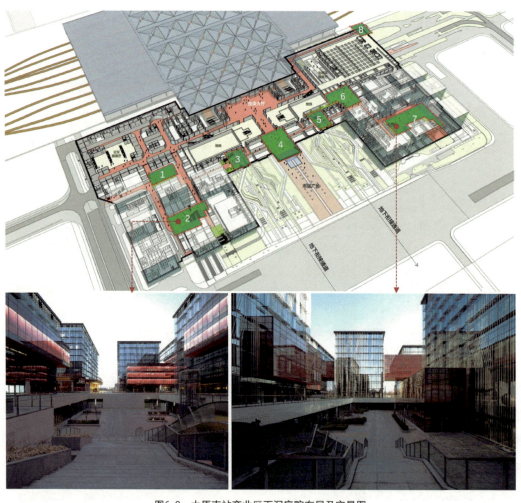

图6-8　太原南站商业区下沉庭院布局及实景图

4．建筑功能布局

（1）建筑总体规划布局

从总图布局上看（图6-9），太原南站枢纽综合开发建筑群与高铁站房构成以站前广

场为核心的品字形空间格局，大尺寸度看是三合院，小尺度看是四合院，这既符合中国传统建筑空间的布局形式，又能够烘托站房庄重大气的整体效果。

图6-9　太原南站西广场总平面图

从城市空间的表现上，高铁站房与广场空间形成围合的中心，突出了太原南站在该片区的核心地位。设计经过多次空间推敲，最终形成约200m宽的站前广场，使得南站主立面直接面向城市，是建筑群最为标志性的建筑。从中心向南北两侧延展形成商业的发展轴线，其功能定位均为城市综合体。这样的城市综合体包含商业、办公、酒店、展览及休闲娱乐等功能，并密切衔接其北侧常规公交场站及南侧社会车库/出租车场站。余下的中心广场彻底脱去了交通换乘职能，人流强度大大下降。因此，设计将其转换为以绿地为主、服务于周边的城市绿化休闲公园。

在这种背景下，站前广场承担双重功能，一是兼作为应急状态下的疏散广场，二是作为城市副中心的市民休闲广场（图6-10、图6-11）。设计理念采用铁路文化中提炼出设计元素，结合建筑立面，设计统一和谐的建筑群风貌。

在站前疏散广场的设计中，尽量保证视野的通透以及人流的畅通，主要采用硬质铺地，导向性很强的地面铺装方式指引由地面道路进出车站的人流。在广场中心位置点缀水景喷泉，活跃广场气氛。广场中央设置了下沉式广场，分流出站去往两侧商业广场的人流，设计特别强化了商业氛围、休闲环境的营造。结合树阵、草坪、条凳、地灯，以及下沉式广场，形成尺度宜人、空间丰富的休闲型商业广场，将场站各个功能部分有机组织在一起。

图6-10 太原南站西广场功能布置

图6-11 太原南站广场功能定位示意

（2）建筑各部分功能布置

站城一体的枢纽意味着"车站即城市。"为此。在太原南站综合客运枢纽中，设计方案提出了"微型城市"的概念。西广场就是丰富城市生活的一部分。设计基于精准的人流模拟与测算，在流线设计的基础上，"自然生长"出各个功能区，包括南北共14栋建筑，以及站前中轴线上设置休闲文化广场，局部下沉，地上地下共同组合形成交通枢纽为核心的微型城市。

太原南站枢纽的综合开发部分由北区、中区、南区3个功能区组成。开发建筑群地上共14栋建筑，其中北区、南区地上分别布置7栋建筑，4~9层不等；地下共两层，北区与中区通过中区相连，并与枢纽地下室有多个连通口（图6-12、图6-13）。中区地面为市民广场，全部为地下功能。其中，地下二层主要为地下车库和设备机房。北区的地下二层有能源中心和酒店的员工餐厅、厨房等后勤用房。南区地下二层功能为酒店部分后勤用房、机动车停车库和部分设备机房。酒店停车与商业停车采用灵活分隔的方式，便于管理。

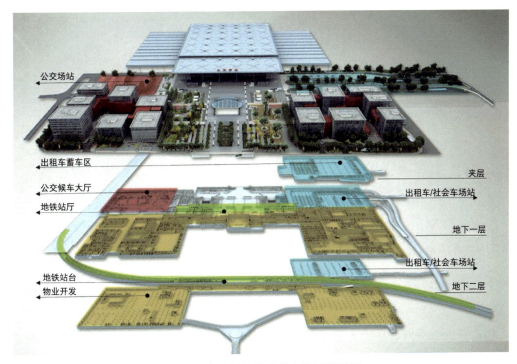

图6-12 太原南站枢纽各层功能布局示意图

由于地下一层北区室外地面倾斜角度很大，因此建筑南侧实际上都埋在地下，西侧从地下渐变成地面层，北侧和东侧则都是地面层。功能布局上西南侧为超市和商场后勤区，东南侧为店铺和餐饮区，东北侧为三个办公楼的门厅，控制中心等设备区，东北端的酒店则是大堂和餐厨区（图6-14）。北区中间部分设置一条下穿首层平台的道路，主要服务于商场和酒店功能。店铺和超市面对一个1000m²的下沉广场，可以直接上到首层大平台。综合开发部分西南侧两个商场建筑之间的入口标高处于地下一层上半层处设有一组扶梯下到地下一层超市入口，一组大台阶上到首层商场入口。综合开发部分南区地下一层功能以休闲娱乐为主，具体分为酒店（健身、餐饮、后勤部分）、KTV娱乐区、洗浴中心区和酒吧几大功能区。各功能区以下沉广场为中心环绕分布，功能区相对独立，便于各自运营管理。开发部分南区地下一层与北区呼应，通过中区（餐饮）互相联系，并与高铁及城市轨道交通紧密关联，形成完整的地下休闲、娱乐、购物空间。下沉式广场既是南区室外休闲场所和人流集散中心，又具有统一南区各单体建筑的核心作用。在总体布局中，南区地下一层在临近交通接驳地下部分设置了能源中心，为整个商业开发部分提供能源供给。

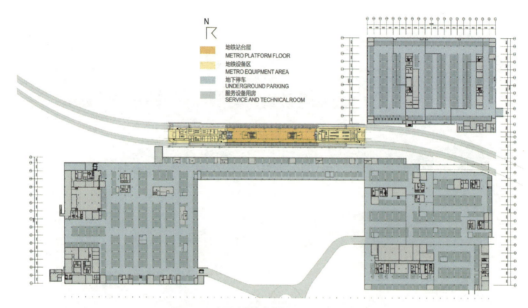

图6-13　太原南站枢纽地下二层平面示意图

综合开发部分南北区地上建筑面向广场设置两区，各自由若干单体建筑形成建筑组群，从中央广场可以直接进入南北两区（图6-15）。两区均设置中心下沉式庭院，围绕这个庭院布置7栋单体建筑。这中心庭院又通过大台阶与地下一层下沉式广场联通，从而形成贯穿两层的商业娱乐活动中心和室外人员集散场所。而北区则与枢纽东侧的常规公交首末站的落客区有两座连桥直通。开发部分西南角三栋楼N-1~N-3号楼的功能是集中商业设计，而东北角三栋N-5~N-7号楼为办公功能，并在面对广场都设置了沿街商铺。通过这样的设计形成丰富的商业界面。开发部分西北角的N-4号楼被规划为酒店面向广场的部分是次入口和餐厅。开发部分南区的S-1~S-5号楼也被设定为办公建筑。S-6和S-7号楼功能为酒店。我们特别设计了大跨无柱连廊，作为两栋酒店单体之间的公共空间联通，形成统一整体。酒店首层大堂通透明亮，在视觉上将城市空间与中心庭院统一起来。同时，我们在S-1号楼的首层设置了小型展览空间，其余建筑首层均设置商业店铺。店铺和会展空间围绕中心庭院，面向中央广场，极大地强化了开发部分的商业氛围。

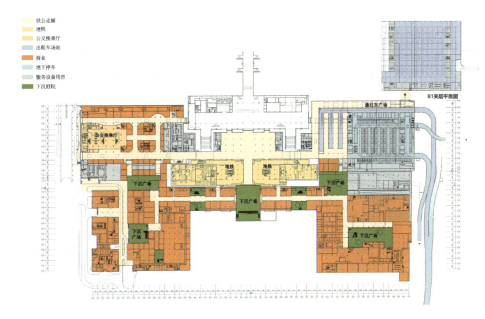

图6-14　太原南站地下一层平面示意图

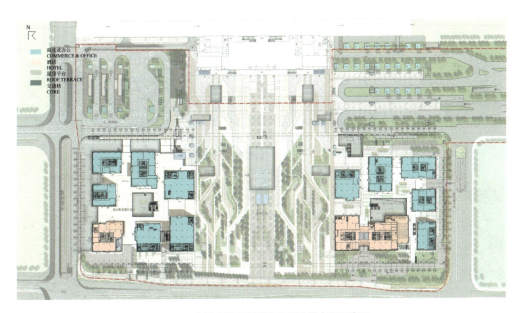

图6-15　太原南站枢纽开发首层功能布局示意图

14栋4-9层不等的建筑在相同功能的楼之间以红色玻璃连接体在不同楼层相连。这既创造了有趣的公共空间又丰富了建筑形体（图6-16~图6-18）。连接体顶部都可作为屋顶平台，为楼上的人提供室外休闲场地。北区的N-5和N-7号办公楼为7层，N-6号办公楼为8层，N-1~N-3号商场区为4层，N-4号酒店区为9层。我们在商场建设中保留了大空间的通用性设计，设计中的分隔墙仅为推敲使用形式的示意。建成投用后，实际使用者可根据实际情况分隔。我们在酒店二层设了一个2.1m高设备转换层。南区S-1~S-5号楼二层以上均为办公功能，楼体之间通过红色玻璃连接体相互连通，形成丰富的公共交流空间，这些设计显著提高办公环境和品位。在南区酒店部分，我们在二层设计了中餐厅，在三层及以上楼层功能设置为标准客房。其中，S-6号楼顶部两层被定位为行政层，设置了行政酒廊及高级套间。酒店的二、三层之间设置设备层，用于设备管线的转换，这在实际使用中显著增强了本建筑的适应性。

图6-16　太原南站枢纽开发标准层功能布局示意图

5．人行交通组织

太原南站铁路客站进出站方式采取平进低出，即地面层进站、地下一层出站的模式。相应的交通总体设计即进站采用了快进快出的基本理念，尽可能避免与周边城市车流发生冲突，满足乘车旅客有快有慢的不同需求。出站部分也采用了步行优先的设计原则，满足其快速接驳其他交通方式后去往各自的目的地，或直接入驻临站商务配套如酒店、咖啡厅、餐厅等的基本需求。依附于交通流线的基本逻辑和规律，在综合开发的设计中，交通流线与商业流线有时重合，有时分流导流，以应对不同人群不同时段的不同需求（图6-19）。

图6-17 太原南站枢纽北区建成实景照片

图6-18 太原南站枢纽开发内庭院建成实景照片

具体来讲,太原南站枢纽的交通接驳部分集中布置在场地东侧,最大限度地靠近国铁站房。围绕地下一层铁路客站出站口处设置综合换乘大厅,所有基本交通接驳场站都以其为核心环绕布局,往北可换乘常规公交车,往南可换乘出租车与社会车,往西可换乘城市轨道交通。由此,围绕城市轨道交通车站站厅形成了两个主干环,主干环的西边为交通接驳客流，东边为物业开发客流，两者的联系既便捷又适当有所区分。物业开发部分被划分为南北两个建筑群，每个建筑群围绕中间的庭院围合布置。以中间的庭院为核心形成多个物业开发内部连通的次干环，使得物业开发内部各区域之间的连通更加便捷。在主干环与次干环的基础上，这个建筑群的布局和交通结构可以继续向外围生长，在西侧和北侧一共预留了5个连接口。未来这些接口可以进一步地与周边城市功能相连接，进一步的站城融合，将可以扩大该枢纽的辐射范围，能够带来更多的人流交互，从而带动整个枢纽的物业开发与发展（图6-19）。

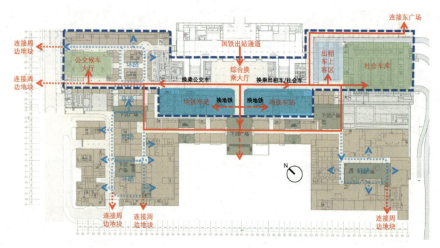

图6-19 太原南站枢纽出站层人行流线示意图

以中轴通道为例（图6-20），综合换乘大厅前厅设计为具有强烈引导性的20多米宽的通道。通过这个通道，乘客可以直达下沉庭院，在下沉式庭院通过楼扶梯可到达地面市民广场，这样乘客可以快速到达室外空间，在开阔空间的引导下无感地由地下直接到达地面，实现地上地下空间的无感过渡。

显然，以上这些主动线设计正是"商业功能排列"的主动脉。实际上，交通综合体最核心的设计要点就是尽可能深入准确地理解这些流线，并在保证高效率的同时，既有分层、分面、分区特征，又有相互融会贯通的流线设计，在恰当位置安排最恰当的功能，以达到整体效用的最大化。

6. 立面设计特色

太原南站客运枢纽综合开发建筑外立面设计灵感来源于山西传统土织布工艺。该设计试图给庞大的建筑体穿上了一层薄纱,为建筑赋予了随光线变幻的浪漫色彩(图6-21、图6-22)。这层编织立面的材料选择中,该设计特别采用了竖向8mm不锈钢拉索,这是我国第一座将钢索作为装饰性材料的建筑。

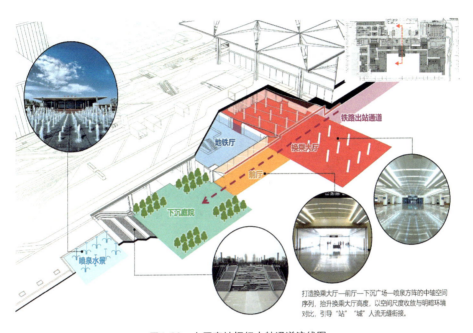

图6-20 太原南站枢纽中轴通道流线图

图6-21 太原南站开发建筑局部实景图

图6-22 太原南站枢纽钢索幕墙立面

建成后,不锈钢拉索编织的立面展现出其独特的灵动质感,拉索在统筹规划的广告位置或是结合出入口门洞设置,它们就像偶尔被拨开的金属窗帘一样,从顶一直垂到地面(图6-23、图6-24)。

 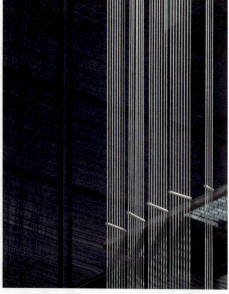

图6-23 太原南站枢纽钢索幕墙细部

图6-24 太原南站枢纽钢索幕墙细部

我们在建筑体块连接体部分的建筑立面为红色带状丝网印刷玻璃。这在体现建筑独特外部空间的同时考虑了建筑内部空间的光照和视线，充分体现了以人为本的设计原则。

在考虑造型和材质的同时，设计对日景和夜景进行了不同的效果控制策略（图6-25）。其中，内立面做带灰度LOW-E镀膜玻璃，这样有利于突出白天外立面效果，而夜晚则可通过外立面幕布一样的拉索看到室内的点点灯光。同时，拉索结合灯光设计，光束由下而上，直通屋顶，强烈体现了建筑的现代感。独一无二的立面效果突出了太原南站的重要地位，也给城市的夜晚增添了一道靓丽的风景。

不锈钢拉索是从材料技术角度的一种创新（图6-26）。为了达到这一目标，设计团队进行了前后半年多的材料研发，从拉索立面的受力、五金件制作、顶和底的节点，在全国做了多次试验。进行了多次1:1样板优化，最终攻克了热胀冷缩、顶部扭矩、底座排水、玻璃幕墙立面清洁、活动马道等多个关键难点。目前，立面建成已多年，依然犹如新建，没有老化或污染的痕迹。

6.3.2 太原南站枢纽的创新与思考

1. 空间设计模数化

总体来说，应对使用功能不确定性而采用高度模数化是本项目的设计亮点之一，从地上到地下，从规划到建筑，从室外到室内，统一的模数不仅更能适应未来多样变化的功能需求，同时为建筑后期施工以及材料的研究，打下了比较好的基础。

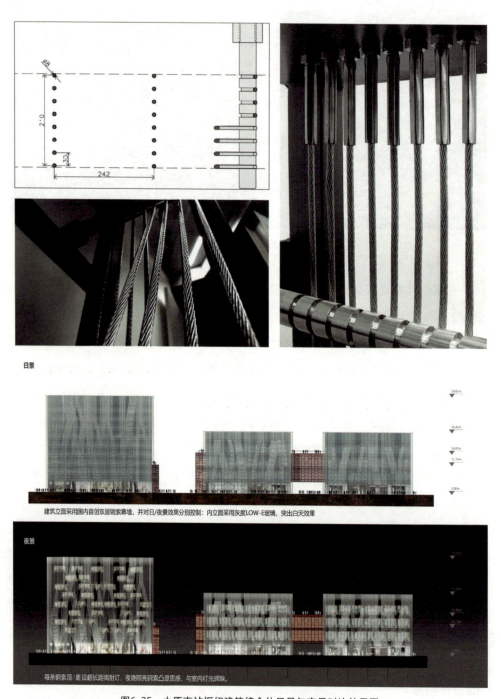

图6-25　太原南站枢纽建筑综合体日景与夜景对比效果图

图6-26 太原南站建筑材料——不锈钢拉索

2. 系统设计一体化

高度复合的站城一体客运枢纽设计管理是成败的关键。在项目中,设计由建筑专业人士牵头,同时结合多专业进行协同性设计,除了常规建筑由结构和机电等专业人士配合参与以外,该项目从前期就在团队中加入了商业策划、交通、室内、灯光、景观、艺术、酒店运营顾问等专业人士。

3. 设计高度精细化

有了适用性很强的模数以及多专业协同一体化设计的基础,在这个设计中就可以做到更加精细化,即使是工艺节点,也给细节设计以及材料设计留有发挥的余地。例如:室内房间的隔墙分隔与幕墙是相同模数,尺寸很容易匹配,在外立面材料的分缝上较容易留出相同类型的节点,每个节点设计都可以再设计为精致标准化节点。钢索材料也是如此,在本项目中做出了更加有创意的发挥。

6.4 太原南站枢纽综合开发的亮点与特色

6.4.1 开发收益反哺枢纽运营成本,实现枢纽经济自平衡

太原南站综合客运枢纽项目于2014年建成并逐渐投入使用,整体运营效果良好。

截至2021年，商业区出租率超过90%，入驻企业均为全国或山西省知名的企业及高档酒店，如阿里巴巴、万科、竹叶青、山西恒丰、山西万佳旭世珠宝、太原同创谷、九牛仁和、万枫酒店、维也纳酒店等。据统计，2016—2021年的年租金及广告收入，逐年递增（图6-27）。2021年，虽受到疫情的影响，但项目营收仍达到了1.1亿元左右，极大促进了太原南站地区的发展。同时，太原南站枢纽也成为太原副中心集交通、商业、休闲于一体的城市新门户。

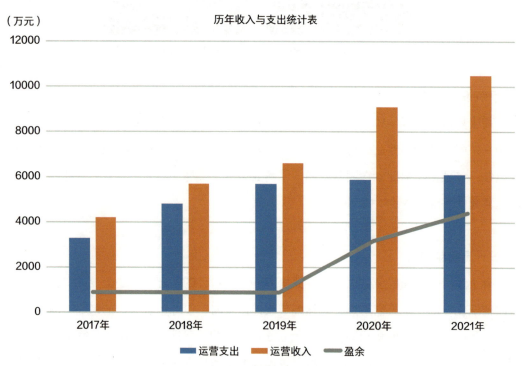

图6-27　2017—2021年太原南站枢纽商业收支统计对比图

6.4.2 全国首创双层钢索幕墙，打造城市特色地标

太原南站综合客运枢纽物业开发建筑的外立面为全国首创双层钢索幕墙，目前具体由内外两层构件组成（图6-28）：内层为常规灰度LOW-E玻璃，具有优良的热工性能；外层为不锈钢拉索，兼具遮阳效果与美学价值。幕墙从选材到节点构造均针对本项目一体研发，经过大量试验确定相关参数。幕墙检修马道与钢索支撑结构一体化设计，设备管线适配幕墙布置，对外通风排气口与钢索幕墙肌理整合；专门研发的钢索定位杆、钢

索转向支座,为编组效果提供硬核技术支撑;专利技术顶部连接器,可实现钢索柔性连接,大幅减少结构受力。项目建成至今超过8年时间,外立面效果如初、质感依旧,获得各方一致好评。

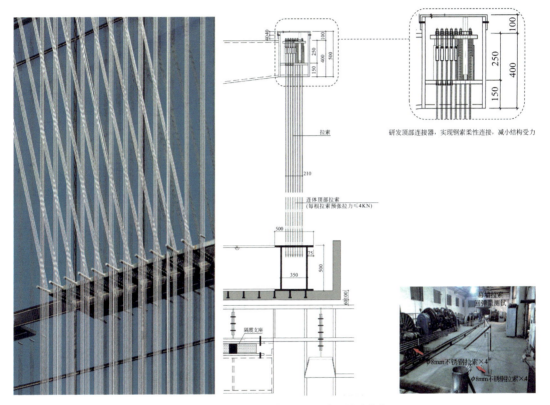

图6-28 钢索幕墙照片(2021年摄)及构造节点

6.4.3 建筑适应性设计,实现全生命周期功能可变

太原南站综合客运枢纽物业开发建筑单体之间通过红色的走廊系统相连,可根据未来实际招商运营中建筑功能需求的变化而选择不同的运营模式,可实现分层、独栋、多栋等各种运营需求,具有极强的适应性(图6-29)。空间上通过对层高、开间、进深、流线等不同需求的深入研究,实现酒店、办公、商业、展览等不同业态的包容性设计。设备系统采用分楼栋、分功能相结合的计量方式,并将计量精确到设备末端,并预留不间断运营下的增容条件,方便业主对未来的功能重新规划,实现枢纽物业开发建筑全生命周期价值的最大化。

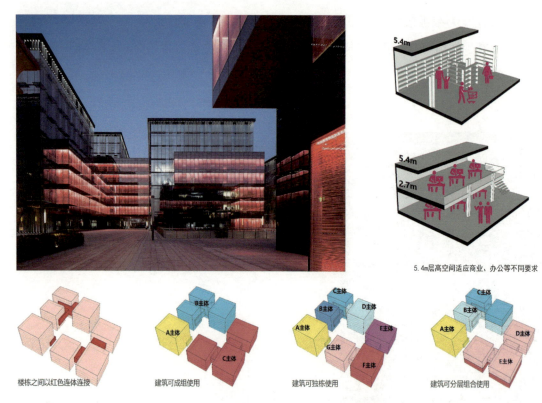

图6-29　太原南站枢纽建筑功能适应性示意图

第 7 章

探索——太原南站枢纽的建筑技术创新

7.1 枢纽建筑的技术方法与技术体系

7.1.1 建筑方案概述

太原南站枢纽建筑规模大、投资大、影响力大，因此在项目建筑结构方案设计时充分考虑了项目建设成本、建筑功能适应性、新技术新材料应用、建筑空间效果优化等因素的影响。在项目设计时，从枢纽的换乘模式、地铁的埋深和站厅布局方案、建筑外立面双层钢索幕墙的设计、换乘大厅内声环境与光环境的设计、复杂工程条件下结构方案的优化与创新等方面进行了突破与创新。

7.1.2 通风空调系统方案概述

1．系统概述

通风空调系统服务于建筑各功能区域，并能够解决系统的动力能源问题。如何合理地根据功能区域划分和选择系统形式，并结合当地的地方政策，采用节能、低碳环保的冷、热、气源是系统方案的研究重点。设计中太原南站枢纽工程通风空调系统功能区域划分架构图如图7-1所示。

设计中各功能区域设置不同形式的通风空调系统，构成了枢纽工程复杂有序的通风空调系统架构（图7-2），这种分布组合的拓扑结构模式体现了枢纽工程的综合特点。

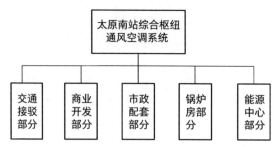

图7-1 太原南站综合枢纽通风空调系统功能区域划分架构图

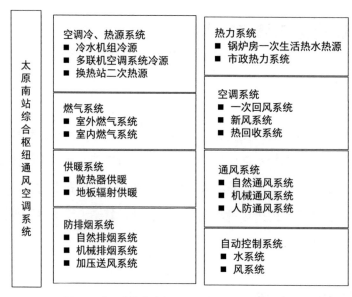

图7-2 太原南站综合枢纽通风空调系统划分架构图

2．主要系统方案

（1）空调系统冷热源

为了使用和管理方便，减少管线损失，我们在交通接驳和开发部分分别设置空调系统冷热源能源中心。冷源采用离心式和螺杆式冷水机组，热源利用市政一次热源（供回水130/70℃）通过换热站转换提供空调系统（60/50℃）和供暖系统（85/60℃）的二次热源。因服务区域多且广，水系统采用了二次泵变频系统，便于单体控制调节。

变电所等重要的设备用房根据其使用时间等特点，单独设置了冷源，采用比较成熟的多联机空调系统，并考虑冗余设置，自动控制，方便管理。

（2）热力系统

在能源使用中，我们充分利用当地市政一次热源充足的优势，通过外网引入交通接驳和商业开发部分的内部，设置换热站，为空调系统和供暖系统分别提供二次热源，并设置了自动控制和计量系统。对于酒店24小时生活热水的需求，则在酒店内设置燃气锅炉房使特定需求得以满足。

（3）燃气系统

太原南站枢纽工程南侧有市政高压燃气管线，经协调，引入开发区和枢纽区，设置调压站，这个系统满足餐饮业厨房、酒店燃气生活热水锅炉使用。

（4）通风、空调及供暖系统

枢纽功能区域多，配置的空调系统形式各不相同，但又力求整体精简、节能，还要便于调控管理。为此，我们在枢纽中的大空间如换乘厅、商业等，采用全空气一次回风系统，而在办公楼、酒店等采用风机盘管+新风系统，控制灵活。同时，我们在办公楼采用热回收新风机组，根据当地的气候特点，采用内外区控制运行模式。所有空调系统的新风均经过空气净化处理，达到环境卫生标准。

对于卫生间、值班室等区域，在夜间开启了散热器供热模式，保证人员值班环境以及水管的环境温度要求。在酒店首层的入口大厅、洗浴中心的淋浴区域考虑了采用舒适的地板敷设供暖形式。

我们在非空调房间均考虑了通风措施，优先考虑自然通风。在地下车库的设计中我们采用诱导通风方式，同时在人员等候区设置了局部空调，为管理人员和乘客的提供相对舒适的环境。厨房加工间、燃气表间、锅炉房、柴油发电机房等设置了事故通风，保证安全。

（5）防排烟系统

整个枢纽的防排烟系统设计涵盖了相关防火设计标准、规范涉及的多种场合情景：车库、商场、办公、中庭、大厅、柴油发电机房等。我们根据规范和标准进行系统设计和设备选择。对于突破规范的换乘厅进行了消防性能化设计。

（6）自动控制系统

枢纽的通风、空调系统设置的能源管理系统，包括以下内容的自动控制系统：空调冷水、热水系统，末端空调机组风系统，换热站换热系统，锅炉房热水系统，地下车库通风系统等。其目的在于使枢纽通风空调系统时刻在节能状态下运行，力争低碳、环保。

3．**重难点分析**

（1）通风空调系统冷热源及系统的选择和确定

对于枢纽这种复杂多功能的大型综合体，通风空调系统的冷源和热源的确定是首要重点，是系统实现功能的源头，关系到土建和整个系统的投资以及运行费用，尤其对目前提倡的低碳环保也具有影响力。冷热源的选择是一个全寿命周期的衡量过程，不仅要考虑系统本身的匹配，还要考虑项目当地政策以及现有的条件。

太原南站枢纽工程在初期针对其冷源和热源问题，进行了实地考察和调研，征求了业主、建设单位等各方意见，对热水型溴化锂吸收式冷水机组、电冷水机组、市政热力、锅炉房以及枢纽周边工厂废热利用等形式进行了从投资到维护等全生命周期的比较，最终冷源选定了离心式和螺杆式变频冷水机组，热源选定市政热力一次网进行二次换热形式，通风空调系统的首要问题终于解决了。通风空调系统制式的选择从初步调节、节能运行控制策略、运行时段以及维护便利等方面进行比选，结合建筑单体的布局、建筑物使用性质、能源中心的位置确定了通风空调水系统采用二次泵变流量系统，末端采用空调机组、新风热回收机组、风机盘管。

事实证明，这种形式的冷热源组合，水系统和风系统的形式匹配，与预期效果基本吻合。对内设备集中布置，节省空间，设备维护方便，配以能源管理系统，控制简洁，运行节省能耗。对外，管理接口划分明确，避免扯皮现象，方便计量。

（2）通风空调系统设计的适用性

一个成功的通风空调系统设计，最终是满足建筑功能，满足业主需求的。太原南站枢纽内各功能区域存在着未来业主二次设计的情况，如超市、商业、办公室、酒店等。这意味着通风空调系统一次设计必须有包容性、前瞻性，集思广益，设身处地，尽量去适应未来变幻多端的二次系统设计。这在具有商业开发的枢纽工程中，通风空调系统一次设计看似简单，但实则隐含很多适应不同方案二次设计的思路和条件预留，要做到"以不变应多变"是一个设计难点。

正是本着这个理念，在太原南站枢纽工程的通风空调系统设计过程中，分析了各功能区域业态形式，匹配了多种通风空调系统形式，并细化和调整机房、干管走向方案，最终确定适合的系统形式和方案，为二次系统设计预留更多可操作的空间。枢纽投入使用后，通风空调系统一次设计基本能够满足业主的二次设计要求，改动量很小。

（3）出租车蓄车区的通风系统优化

太原南站枢纽地下车库有一层是蓄车区，是出租车候车区域。《汽车库、修车库、停车场设计防火规范》GB 50067—2014，《民用建筑供暖通风与空气调节设计规范》GB 50736—2012以及相关的规范对于蓄车区通风设计标准并无要求，无据可循。蓄车区功能与停车区不同，排气排放物含量较多。据实际调查，高峰时期蓄车区的出租车基本不熄火，随时等待接旅客。我们根据这个特点，对该区域进行气流场进行计算、模拟分析，最终分析出适合蓄车区的通风量，重新优化了蓄车区的通风系统，使之满足蓄车区的环境需求。这个难题的解决，为今后类似的工程提供了宝贵经验。

7.1.3 给水排水系统方案概述

1. 系统概述

系统复杂是枢纽工程的重要特点，该项目作为山西省第一个综合交通枢纽，综合了铁路、常规公交、公路客运、城市轨道交通预留等多个交通功能，同时还包含了商业配套开发以及室外景观绿化等功能。可以按照功能区域或专业系统内容的方式对本枢纽的给排水及消防系统进行划分。

功能区域划分主要是按照建筑不同的功能布局，将本专业系统进行的划分，该划分方式的目的是清晰地划分整个枢纽的不同功能分区，由于枢纽工程的复杂特点，各个分区的服务对象不尽相同，其设计原则、标准乃至适用规范都会有显著的区别。按功能分区将本专业进行划分，有利于梳理给水排水及消防系统的服务对象以及各分区之间的设计接口，确定重难点，明确设计目标，以便于项目实施阶段有针对性地研究专业技术方案，进行技术创新。太原南站综合枢纽工程给水排水及消防系统功能区域划分架构图如图7-3所示。

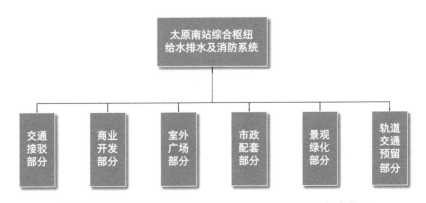

图7-3 太原南站综合枢纽给水排水及消防系统功能区域划分架构图

专业系统内容划分主要是根据给水排水及消防专业的特点，梳理专业内包含的子系统。枢纽工程体量大，功能多，基本涵盖了给水排水及消防专业的绝大部分子系统（图7-4）。

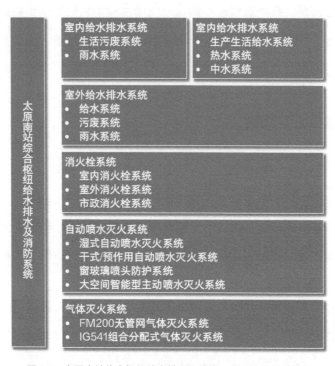

图7-4 太原南站综合枢纽给水排水及消防系统系统划分架构图

2. 主要系统方案

（1）室外给水排水系统

室内给水系统采用市政自来水作为水源，按不同的功能区域分别从车站北路、太榆路的市政给水管网上接驳出给水管，分功能区域单独计量。

室外污水接收室内污水，经化粪池处理后，就近接入车站北路、太榆路的市政污水管网。

由于枢纽地下设置有大面积商业开发，因此在室外管网的布置过程中，充分结合管道覆土需求、地下空间开发、后期预留空间等因素，合理考虑覆土深度，在室外设置管道路由通廊，既解决管道敷设问题又减少了室外管道设计对地下空间开发的影响。

（2）室内给水排水系统

太原南站近邻太原市武宿机场，所有建筑物均需考虑航空限高，建筑层高均控制在55m以下，给水仅考虑低、高两个区，低区利用市政压力直接供水，高区通过叠压供水设备供水，充分利用市政管道余压，节约能源。太原属于太阳能资源较丰富地区，酒店部分设置太阳能集中热水系统，充分利用太阳能。

排水采用雨污分流制，酒店部分设置污废分流，收集优质杂排水回用。

商业餐饮采用"厨房隔油器"+"隔油设备"+"隔油池"的三级隔油方式，对地下部分的餐饮则采用带密闭提升功能的隔油设备，隔油同时，将废水直接密闭提升，解决水环境污染的同时，减少废水提升对室内卫生环境的影响。所有地下卫生间也采用密闭提升系统，按照"来水即走"理念设计，污水不在泵房内过多停留，最大限度地优化枢纽卫生环境，同时大大降低运营维护难度，提升运营维保工作环境。

（3）消火栓系统

太原南站枢纽消防一体化综合配置，按同一时间一次火灾考虑，在交通接驳部分设置消防泵房及消防水池，提供本工程消防所需水量及水压，于商业开发部分最高点设置高位消防水箱及稳压装置。同时，考虑枢纽火灾危险性大，结合消防专家审查意见，加大了屋顶水箱初期消防水量设置，设置有效容积为100m³的水箱。

（4）自动喷水灭火系统

根据枢纽功能复杂，火灾危险性大，设置自动灭火系统全覆盖保护，可采用水消防的位置采用自动喷水灭火系统，重要电气房间设置气体灭火系统保护，根据被保护区域的建筑特点、环境温度选择合适的系统形式。太原南站综合枢纽采用的自动灭火系统形式如表7-1所示。

自动灭火系统配置表　　　表7-1

序号	保护位置	系统形式选择
1	走廊、办公室、车库地下二层及以下部位、商业部分	湿式自动喷水系统
2	口部等局部温度较低部位	湿式自动喷水系统+局部保温
3	车库地下一层	预作用/干式自动喷水灭火系统
4	酒店中庭等高大空间	大空间智能型主动喷水灭火系统
5	交通接驳部位商铺内部	扩展覆盖面喷头自动喷水系统
6	交通接驳部位商铺隔墙内侧	窗玻璃喷头防护系统
7	零散重要电气房间	FM200无管网气体灭火系统
8	集中设置的电气房间	IG541组合分配式气体灭火系统

3. 重难点分析

（1）外部接口梳理及优化

综合枢纽工程功能多，涉及的产权单位多，在设计、施工以及后期运营管理过程中，需要协调的接口多。给水排水专业作为工程建设的最基础专业之一，接口问题贯穿项目的全周期过程中。

接口分为项目内部接口和外部接口两类,内部接口可以按照常规项目管理进行,外部接口则需要重点注意梳理,尤其在建设单位不同或后期运营管理存在分解点的位置。通过外部接口的梳理,可以对接口位置进行清晰分析,识别风险点,有助于项目的顺利推进。

对于本枢纽,给水排水专业几乎在左右外部界面都存在接口问题,回顾工程实施的全周期过程,比较重要的外部接口及内容如表7-2所示。

太原南站外部接口内容表　　　　　　　　　　表7-2

接口部位	具体内容	举例
交通接驳与大铁站房接驳位置	对设计界面进行明确划分; 结合对方设计方案,确定本专业的具体工作内容; 双方保证设计档次、标准的一致	雨水的排放设计统一管道的保温应考虑对面区域的环境温度情况
交通接驳与商业开发位置	根据后期可能产生的管理界面,给水设置独立分区计量措施	商业开发不同功能,如酒店、办公、商业等,由市政独立接驳给水,单独设置水表
交通接驳与城市轨道交通预留位置	明确城市轨道交通预留措施	预留给水、排水路由,预留冷却塔等室外设备用地
枢纽周边市政配套接口	明确雨水、污水接驳位置,同时考虑远期预留	周边道路随枢纽一起开发,实时配合接口,同时结合后期可能发生的商业部分二次开发,适当预留接口

（2）站前广场埋地管线空间优化

太原南站综合枢纽站前广场的设置是本枢纽的一大亮点,兼顾了站前疏散和城市休闲的功能。站前广场下方设置有综合换乘厅、预留地铁站以及商业开发,其覆土的考虑是本工程的一大难点,过多则不利于地下空间的综合利用,过少则无法满足管线敷设的要求。

设计过程中首先梳理了室外管线的需求,并考虑后期枢纽发展预留需求以及后期城市轨道交通管线敷设需求,保证广场最低覆土1.5m左右,保证绿化等支线管道敷设,同时结合地下建筑功能及结构方案,在地下结构顶板局部下凹,设置管线通道,保证干管及管线交叉空间。对于室外消火栓等局部需要单独考虑的位置,采用局部单独配合结构顶板的方式,保证安装空间。

（3）地下污水泵房提升方案优化

太原南站综合枢纽工程大部分面积位于地下,卫生间污水均需通过压力提升后排放,排放方式的选择对于卫生间的运行情况、卫生间及污水泵房周边卫生情况、后期运营维护管理难度等有很大影响。

排放方式的选择需要考虑枢纽工程卫生间污水排放的规律、设备本身的稳定性、排放方式对周边环境的影响等因素。

卫生间污水排放规律与客流情况密切相关。对于枢纽工程，通过对客流的分析以及类似工程的实际经验分析，可以得出枢纽卫生间的污水排放规律与客流情况直接相关。在节假日、春运、寒暑假等期间，会出现大规模客流情况。因此，所选设备要稳定，具备应对客流增大甚至极端客流的情况，避免因提升设备损坏导致卫生间停用的情况。同时，提升设备还应避免对污水泵房及周边卫生环境产生影响。

本工程交通接驳部位设置有8座公共卫生间，均需要采用压力提升的方式进行污水提升排放，为实现"高效、稳定、卫生"的工程目标，确立"来水即走"的设计理念，避免污水过多停留，缩减泵房规模的同时，减少污水停留时间，进而减少污水对泵房及卫生间卫生环境的影响。同时为避免设备发生堵塞，设计采用"固液分离"的污水提升方式，污水进入提升设备前，先进行固液分离，而后污水进入提升设备，经加压后与分离的固体污物合并一起提升至室外，该方案可避免污水中的固体废物堵塞提升设备，提升设备稳定性的同时还延长了设备使用寿命，优化运营维护环境。

7.1.4 供配电系统方案概述

1. 系统概述

供配电系统承担了给所有用电负荷提供电能，保证所有电气设备提供电能的重要任务。在正常运行时，为交通枢纽内各类设备提供电源，保证乘客的安全性和舒适性；供电网络发生故障时，通过系统的灵活调度，保证交通枢纽的基本运营；灾害时，保证必要的安全设备设施的可靠供电。

本工程电容量大，各种设施众多，使用功能性质不同，一、二级负荷占比高。供配电系统方案的优劣，不仅影响项目的投资，而且影响项目建成后电源的可靠性、运营的稳定性、管理的方便性、系统调度的复杂性，还与运营成本的高低、工程实施的难易程度有直接关系，因此研究一个电源可靠、运行灵活、环保、节约投资的方案至关重要。

本工程总建筑面积34万m^2左右。为此，设计的装机容量为19120kVA，需设置1个10kV开闭所，12个下级变电所。开闭所两个独立电源应分别引自城市不同110/10kV变电站的专用线路。

2. 系统方案

（1）开闭所

1）开闭所的两路电源分别引自大吴110/10kV城市变电站及许东（北营）110/10kV城市变电站。

2）开闭所10kV母线为单母线分段的接线方式，不设置母线分段开关（图7-5）。

3）为了电度计量方便，在开闭所进线处设置10kV专用计量柜。

4）在开闭所的两段母线分别设置母线PT柜，采用V-V的接线形式，用于电压测量并提供检压信号。

5）开闭所馈出柜内设置真空断路器、零序互感器、接地开关及带电显示，接地开关与断路器之间设机械联锁。在2号开发变电所的馈出回路还设置了避雷器，用于操作过电压防护。

6）在每段10kV母线上均设有预留增容分段柜，在后续增容时，将分段柜隔离手车直接取消，可方便增加外电源接入。

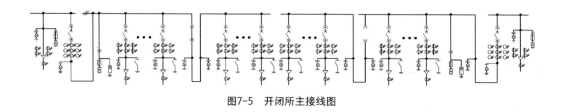

图7-5　开闭所主接线图

（2）变电所

1）本变电所的两路独立的10kV电源分别由设置在西广场的10kV开闭所的不同电源的10kV母线引来（图7-6）。

2）变电所设2台D.yn11联结的干式变压器，变压器容量为400kVA。

3）0.4kV母线为单母线分段接线方式，设母线分段开关。低压侧设无功功率集中自动补偿装置，功率因数补偿到0.9以上。

（3）动力照明

1）低压配电系统采用220/380V三相四线制系统，TN-S接地保护型式。

2）按用电设备的负荷分级原则进行配电，并结合土建具体情况综合确定低压配电方式。

3）动力设备及照明设备的配电均采用放射式和树干式相结合的配电方式，楼座以树干式为主，其余部分以放射式为主。

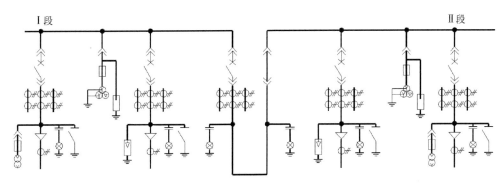

图7-6 典型变电所主接线图

3. 重难点分析

（1）供电方案确定

根据本工程需求需提供2个独立市政10kV电源给本工程提供电源，需根据周边市政情况进行设计，开闭所及变电所的主接线、运行方式、变压器装机容量需与当地供电公司进行对接，并需通过相关部门审查。

太原南站周边市政10kV外电源较为丰富，从不同110/10kV变电站接引2路专用线路难度不大，经过多次与供电局沟通交流，最终采用单母线分段的接线形式。

（2）节能与消防

太原南站建筑面积34万m^2，耗电量高，合理的设备选型及控制方案对节约能源起着至关重要的作用。该工程根据运行时段不同，采用智能照明控制系统。

7.1.5 地铁车站双厅设计

在该项目的总体布局中，突破当年常规"点对点换乘"的枢纽组织模式，以换乘厅为核心，国铁、地铁、常规公交车、出租车、社会车等交通设施环绕核心立体布局。这样可缩短换乘距离，可实现3min全交通方式可达。基本的布局模式如图7-7所示。

在多种交通方式中，城市轨道交通与铁路之间的换乘客流量最大。按照常规的设计思路，地铁会布置在换乘大厅下方，这样城市轨道交通与铁路之间的换乘距离和换乘时间都增加，导致换乘不便。在枢纽总体方案布局时，太原南站在设计时将地铁站厅层布置在地下一层，与换乘大厅同层布置，这样虽然可实现国铁与地铁的无缝换乘（图7-8、图7-9），但是地铁站厅直接阻隔了国铁出站旅客通往站前广场的路径。为此，太原南站地铁采用了单厅变双厅的布局模式，打破地铁对地下公共空间阻隔，增强了空间辨识力，实现了快速疏散的目的。

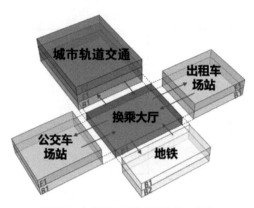

图7-7 太原南站开发设施分布示意图

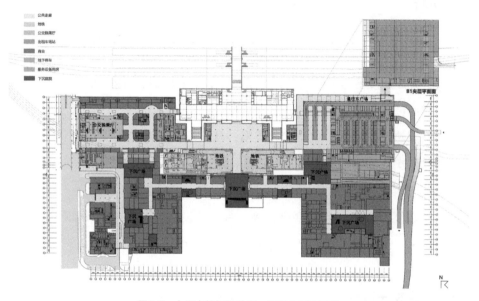

图7-8 太原南站枢纽地下一层及夹层平面图

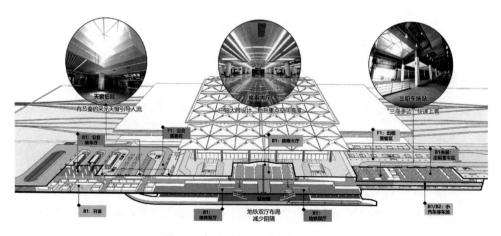

图7-9 太原南站枢纽站厅分布示意图

地铁双厅布局，与换乘大厅同层，使得乘客换乘时间节省约21%；而地铁埋深比原方案减少约6m，浅埋比传统模式节省造价约7500万元。

7.1.6 首创"双层钢索幕墙"，实现力学与美学的兼容

本项目建筑立面采用国内首创的双层钢索幕墙，外层竖向流线型肌理，疏密有致，使建筑透出灵动婉约的气质，打造太原城市新的城市门户形象。

由于钢索首次应用于建筑外立面，钢索与建筑主体结构、内侧的玻璃幕墙如何连接，钢索的立面效果如何实现，钢索的热胀冷缩问题如何解决等问题显得尤为重要。在枢纽设计过程中，与钢索厂家和科研单位进行多次实验，发明了钢索的顶部柔性连接器、不锈钢转向杆、底部连接件、层间检修通道等多个节点构造，成功解决了钢索与主体建筑的连接、钢索的转向、钢索的热胀冷缩等问题。为打造幕墙良好的夜景效果，设计师还研发了特殊长距离射灯，照亮每条钢索，打造地标建筑独特夜景效果。

7.1.7 研发"整体发光＆吸音"集成天花，革新超大地下公共空间声、光综合环境品质

大型交通枢纽的超大公共空间，普遍存在环境幽暗、点光源照度低能耗大、眩光等问题，而且声环境嘈杂，叠加声级和环境声级可达78dB和67dB。本项目综合换乘大厅位于地下，按照消防规范要求，换乘大厅内的装修材料必须使用A级防火材料。而市场上具有漫反射效果，使用效果较好的发光膜均为B级材料，无法满足消防要求。而且换乘大厅内旅客多，一般的材料混响时间较长，导致换乘大厅内的环境噪声比较嘈杂。

为解决换乘大厅光环境与声环境的问题，我们创新材料和工艺，设计发明了一种"整体发光＆吸音"集成天花。这种天花是一个漫反射灯箱，同时也是一个30cm标准空腔吸音结构，既消除了光斑眩光，又保持了高标准平面照度，叠加声级和环境声级降噪可达约10%，极大改善了大空间的声、光环境。

这种结构将消防喷淋系统统一整合为一个整体，同时，考虑到吊顶的维护与拆装，将LED光源与表面蒙板合为一体，拆装表面蒙板，即可实现光源的维修替换与顶棚维护。该枢纽建成运营后获得各方的一致好评。这种做法在其他项目中也可广泛推广和应用。

7.1.8 多项结构技术创新，降低造价

本项目地处8度抗震区，融地铁、建筑、桥梁等多类别工况于一体，荷载类型、设计标准、使用年限等均有较大差异，还存在复杂连体结构。为此，设计开展了系统性创新，攻坚克难，化繁为简，体系重构，将大型综合性结构根据受力工况、设计标准（50/100年）合理分区重构体系。针对不同区域特点，制定相应的体系和设计标准，避免过多双规包络设计，大大降低工程成本。

本工程地下结构总长537m，地面建筑情况复杂，存在2~3倍的荷载差异和2~3年的施工时序差异，通过开展施工过程有限元调平分析，最终将差异沉降控制在10mm范围内。

地下空间大跨预应力：换乘厅中轴设24m大跨，采用预应力梁减小梁高，保证净高，换乘大厅整体采用预应力顶板，应对超长结构的温度变形。

复杂连体隔震：针对地面复杂连体结构协同受力难题，设计创新性采用铅芯隔震支座+单体"防屈曲支撑减震控扭"组合技术，并自研隔振支座限位装置，确保不同震级下，结构体系地震响应合理可控，开创了国内减隔震技术在复杂连体项目组合应用的先例。

我们在设计中采用异形无梁板桥，与4向匝道桥及枢纽结构无缝衔接，巧妙地解决了结构异形、墩柱位置受限、多向交通、枢纽景观要求等复杂问题。

7.2 机电设备系统的设计与思考

7.2.1 出租车蓄车区热环境优化

太原南站交通枢纽地下车库通风系统设计打破了传统的单一停车场设计理念，首次通过气流模拟的手段，对出租车上客区、蓄车区、人员等候区热环境进行模拟、分析、研究，总结出一套适合车库上客区、蓄车区、人员等候区的通风系统设计方法和设计标准，弥补了现行相关设计标准的空白。

太原南站枢纽地下车库包括停车区、出租车蓄车区、出租车上客区、人员候车区（图7-10、图7-11）。出租车上客区顶部设置了自然采光和自然排烟天窗，人员等候区和上客区域共享空间，在夏季最热月时，该区域由于汽车尾气散热、天窗辐射热、等候人员集中等原因，会产生比较集中的热效应，影响管理人员、等候人员的所处环境；而在出租

车蓄车区域，客流高峰期时，等候车辆一般不熄火，随时等待发车，将会产生大量汽车尾气，导致出租司机等候环境的恶劣。

图7-10　车租车上乘客区（人员等候区）效果

图7-11　车租车蓄车区风管布置

现行的《汽车库、修车库、停车场设计防火规范》GB 50067仅对停车库区域提出了通风设计标准。而对蓄车区、上客区、候车区等缺乏相关设计标准，无据可依。设计根据工程的实际情况利用模拟软件进行研究、分析，最终确定了上客区、蓄车区的通风系统形式。

1. 出租车上客区和人员等候区空间，设置机械排通风系统，在人员等候区和上客区正上方设置新风口，新风口采用高射程的喷口形式，在出租车排队候车区设置下排风口，便于尾气和热量迅速排除（图7-12）。同时，在人员等候区设置局部空调降温设施。整个共享区域的新风气流流经上客区、等候区、出租车排队区，携带尾气和大部分热量顺利排除，人员等候区环境温度不超过28℃。

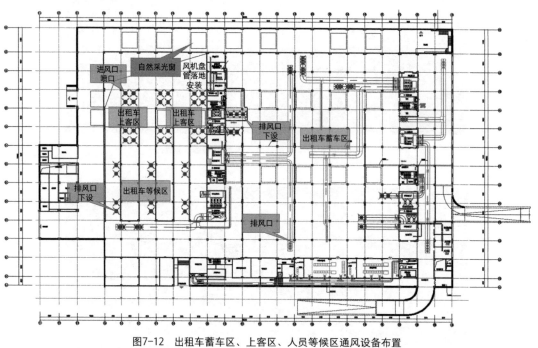

图7-12 出租车蓄车区、上客区、人员等候区通风设备布置

2. 详细计算出租车蓄车区内车辆尾气排放量，使一氧化碳浓度满足环境卫生要求。设置机械通风系统，形成上送下排的气流组织，蓄车区最终的通风量及排风口、送风口的设置位置通过模拟整个区域的尾气排放气流组织形式确定。

本工程采用了计算机模拟辅助设计的形式，通过调整通风系统布置形式改善气流组织，降低共享区域热环境温度，提高舒适度，改善环境卫生条件。其总结的设计标准可以借类似项目借鉴参考，具有一定社会效益。

7.2.2 店铺"钢化玻璃分隔+喷淋保护"消防方案

对于交通换乘枢纽而言,商业用房的火灾载荷大,用电设备多,是发生火灾的主要区域。

如果按传统设计方法,如店铺与公共区域的开口处采用防火卷帘进行防火分隔,需要采用大量大跨度的防火卷帘,考虑到防火卷帘使用过程中暴露出可靠性较低的问题,通常消防安全水平难以保证,因此本项目未采用此种分隔形式,而采用受喷淋保护钢化玻璃系统作为替代方案,即采用喷淋保护钢化玻璃系统将店铺与公共区域之间分隔开,同时店铺内部设置火灾报警、自动喷水灭火和机械排烟系统,若干个同侧相连的店铺与其他店铺之间用防火墙分隔开,形成相互独立的"防火单元"(图7-13、图7-14)。

图7-13 交通接驳区域店铺现场

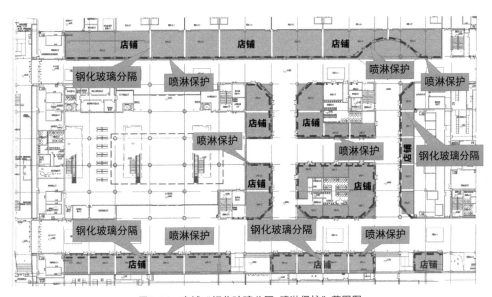

图7-14 店铺"钢化玻璃分隔+喷淋保护"范围图

图7-15 店铺钢化玻璃分割喷头保护

玻璃加自动喷水灭火系统是采用水对玻璃进行冷却保护，发生火灾时喷头受热打开，均匀的向玻璃喷洒冷却水，以有效降低玻璃的温度，增长耐火时间（图7-15）。本项目在店铺朝向通道的一面选用钢化玻璃加自动喷水灭火系统的组合，既不影响通透的建筑效果，在火灾时亦具有一定的防火能力。

公安部天津消防研究所曾针对本系统开展了实体火灾试验。试验分别设置木垛和油盘作为燃料，距离玻璃0.1m，试验结果表明，由于水的冷却保护作用，喷头开启后，迎火面温度70~110℃，背火面50~55℃，钢化玻璃在火灾高温下未发生破裂，钢化玻璃能够保持完整性，有效阻止火灾及烟气蔓延。

"钢化玻璃分隔+喷淋保护"的分隔方案，需要设置一套独立的保护玻璃的喷淋冷却系统（图7-16）。该系统采用快速响应喷头，喷头间距不大于2m。由于该系统采用的是闭式喷头，其用水量与喷水时间和保护长度有关。其保护长度根据沿走道玻璃铺面最长的店铺的实际长度的1.5倍确定且不小于30m，持续喷水时间不小于1.5h。

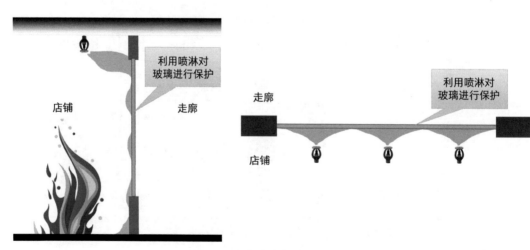

图7-16 钢化玻璃喷淋保护示意图

通过以上方式可将火灾尽量限制在店铺内，使火灾造成的影响局部化，可起到限制火灾蔓延的效果。防火单元内的消防措施如下：

（1）店铺之间隔墙的耐火极限不应低于1.0h，店铺与公共区域之间可采用"喷淋保护的钢化玻璃方式"进行分隔。

（2）店铺内部设置感烟探测报警系统、自动喷水灭火系统。

防火单元的分隔形式，仅适用于换乘大厅两侧商业店铺，对于单体面积或同侧店铺总面积超过2000m^2商业区域，仍应按规范要求划分防火分区，并采用防火墙、防火卷帘或甲级防火门进行分隔，以避免火灾在商业店铺和换乘大厅之间蔓延。

7.2.3 地下车库采用智能照明控制系统

现代建筑中照明系统对于能源的消耗已经高达15%～35%，建筑界已经引入"绿色"照明的概念，其中心思想是最大限度采用自然光源、设置时钟自动控制、采用照度感应和动静传感器等新技术。现代建筑环境不仅要有足够的工作照明，更应营造一个舒适的视觉环境，减少光污染。照明已经成为直接影响工作效率的主要因素之一，因此越来越引起人们的高度重视。做好照明设计，加强照明控制设计，已成为现代化地铁站的一项重要内容（图7-17）。

同时，现代电子技术的应用为我们的工作和管理带来了更多便利。项目深入探讨了如何让智能化电子技术真正应用到日常工作管理中，减轻工作人员的负担；也通过灯光的自由组合、自动控制，让不同区域的光环境针对使用需求进行个性调节，并有效降低照明能耗。

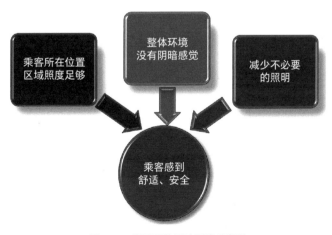

图7-17 照明系统影响因素示意图

该工程作为大量使用灯光的公共基础设施建筑，具有如下使用特点。

（1）照明种类多，控制繁杂的特点。

（2）灯光耗能量大，因此对于照明节能的要求较高，效果要求显著。

（3）人流量和照明量存在线性比例关系，人流量越多，需要打开的光源越多。

（4）乘客对于灯光有较高的指标要求，在不同的区域、不同的场所来设置不同的场景。

在配电箱内设置控制模块，可对配电的灯具实现灵活启停控制。当运营低峰期时，仅保留基本照明；当运营高峰期时，照明可全部开启。图7-18为智能照明控制示意图。

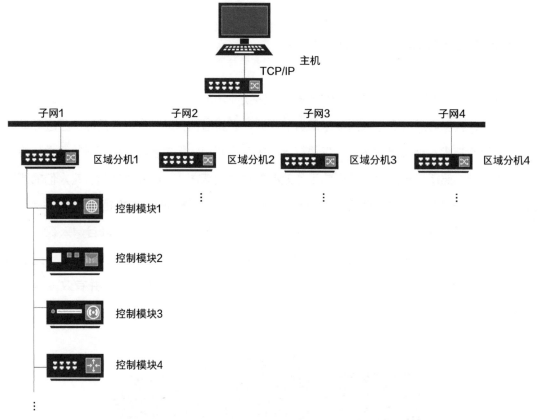

图7-18　智能照明控制示意图

7.2.4　开闭所采用灵活的扩容方案

1. 既有方案

本工程开闭所采用两路10kV专用线路为西广场服务，并预留了为周边市政或其他设施配电扩容的条件，主接线和平面布置如图7-19和图7-20所示。

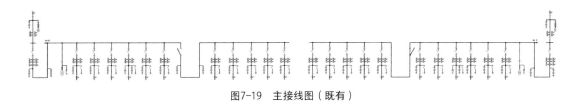

图7-19 主接线图（既有）

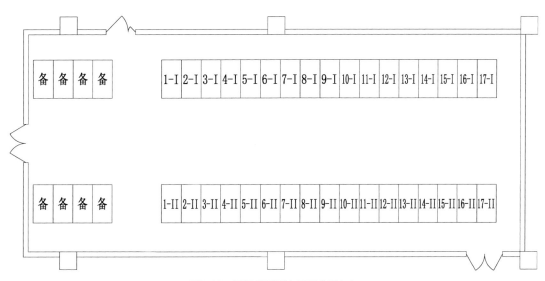

图7-20 开闭所平面布置图（既有）

2. 灵活的增容方案

当周边市政或其他设施需增容时，为了使开闭所扩容不影响既有供电系统的继续供电，只要将开闭所I、Ⅱ段母线的隔离提升柜隔离手车抽出，对被隔离母线增加对应的进线电源，并增加相应的馈出单元，即可达到增容的目的，主接线及平面布置如图7-21和图7-22所示。

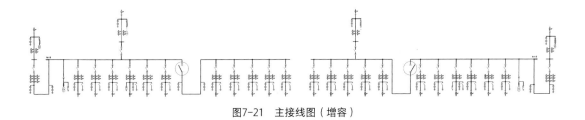

图7-21 主接线图（增容）

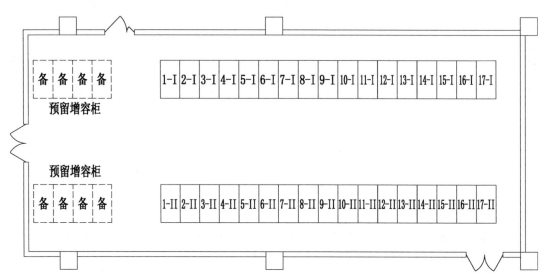

图7-22 开闭所平面布置图（增容）

第 8 章

优化——太原南站枢纽的投融资与建设模式

8.1 铁路综合客运枢纽的投融资与建设模式的发展趋势

1. 中国铁路客运枢纽的投融资需求

（高速）铁路建设与高质量发展是构建现代化综合交通网络的重要载体，铁路客运枢纽建设是提升（高速）铁路网络高效运转核心功能区之一。当前，我国已经建成了全球最广泛、运营里程最长的高铁网络和现代化铁路支撑系统。根据交通运输部公布的数据，截至2020年底，我国铁路营业里程达到14.6万km，其中高速铁路营业里程3.8万km，高速铁路对百万人口以上城市覆盖率超过95%。[1] 随着国家"交通强国"战略的提出和实施，对（高速）铁路客运枢纽、线路和网络建设的规模需求和质量需求将进一步提升。铁路客运枢纽是城市公共交通服务的核心场站之一，更是城市中心区或再开发地区的关键因素。我国的铁路车站等级，根据换乘运营量和换乘设计的设施标准，可以形成不同的分类标准和数量。截至2014年，我国约有5578个车站，其中超级枢纽约50个（占比为1%）、一级枢纽约190个（占比为3.4%）、二级枢纽约307个（占比为5.5%）、三级枢纽约729个（占比为13%）、四级枢纽约1971个（占比为35%）、五级枢纽约136个（占比为2.5%）。[2] 总体上，铁路客运枢纽不仅是集合地铁、客运、出租车等交通便捷的换乘枢纽，更是城市的核心功能区和门户区，能引领城市土地开发和空间格局优化。

2. 中国铁路客运枢纽投融资的政策

由于铁路交通服务具有公共属性，因此铁路客运枢纽建设以政府出资建设为主。同时，铁路客运枢纽是一个复杂的功能区域，承载了综合性的交通功能，不同功能区的管理

1　资料来源：https://www.163.com/dy/article/GI5JR7SA053469RG.html。
2　亚洲开发银行.《改善中国交通换乘枢纽，实现更完善的多式联运轨道枢纽》.

主体和建设主体也存在较大的差异。总体上，不同类型交通枢纽由不同政府机构投资、建设、运营和拥有。一般来说，铁路车站由中国国家铁路集团（原铁道部和中国铁路总公司）负责规划、投资和建设运营；长途汽车站由交通运输部资助建设，由地方运营部门管理；地铁由地方地铁公司投资、建设和管理。[1] 总体上，铁路客运枢纽的投融资和建设以多层级政府（如中央政府、省政府和地方政府）和铁路部门（中国国家铁路集团及其分支机构）为主。面对不同地区、不同功能和不同类型的铁路客运枢纽，这些不同主体所扮演的作用会存在一定的差异。总体上，铁路客运枢纽的投融资、规划、建设需要不同组织和机构的相互协调与合作，从而推动铁路换乘枢纽的高质量发展。

8.2 国内外铁路客运枢纽投融资模式回顾

8.2.1 中央政府主导投融资模式

铁路服务和铁路客运枢纽的（准）公共产品属性决定了政府对其投融资的主导地位。同时，由于铁路客运枢纽的资本密集型、前期投资大、回报周期长等特点，在政府财政资金投入的基础上，需要引入合理的资金筹措和收益分配机制，来保障枢纽的可持续融资和建设运营。对一些铁路客运枢纽而言，尤其是早期的枢纽建设，中央政府扮演了主导功能，在铁路客运枢纽投融资过程中，来自中央的财政资金所占的比重较大。总体上，地方政府主要负责沿线和站点周边的土地拆迁成本，而枢纽车站的建设主要由国家铁路部门负责实施完成。

8.2.2 地方政府主导投融资模式

随着区域城镇化和社会经济的快速发展，在国家铁路规划建设的基础上，一些经济相对发达地区对铁路交通服务的需求日益高涨。在中央政府主导投融资的基础上，这些地方政府具有较大的积极性来发展自身的区域铁路或城际城市轨道交通系统，如珠三角城际城市轨道交通系统、浙江省都市圈城际铁路建设等。因此，对于这些区域铁路系统的枢纽建设，地方政府扮演了更加积极、更加主导的作用。通常来讲，这些地方主导的枢纽建设以省级和市级政府财政为

---

1 亚洲开发银行. 完善中国交通换乘枢纽：引入国际最佳实践，发展多式联运换乘枢纽，2015.

主，其中资本金来自各级政府的财政投入，其余部分通过政府信用担保向银行贷款。

8.2.3 政府—社会资本合营投融资

随着社会经济的不断发展以及地方政府基础设施建设资金需求逐渐增加，为了应对地方财政压力，一些地区在铁路客运枢纽建设过程中，逐渐引入社会资本，通过BT（建设—转让）、BOT（建设—运营—转让）、PPP（政府—社会资本合作）等方式，对铁路客运枢纽建设提供额外的资金来源，以期在不同程度上来缓解政府财政压力，提高铁路客运枢纽建设效率。这种政府—社会资本合营有利于建立利益共享和风险共担机制，从而发挥各自优势，提高枢纽建设效率和质量。例如，在公私合营开展铁路客运枢纽的开发建设过程中，能充分利用社会资本的资金优势、技术优势和管理优势，从而节约成本，提高建设和管理效率。此外，在铁路客运枢纽建设过程中，考虑到铁路客运枢纽的经济集聚功能和区域控制效应，也积极引入土地综合开发机制，利用土地开发收益来缓解铁路客运枢纽建设成本，从而有效缓解铁路客运枢纽建设的财政压力。

8.3 太原南站建设的资金需求分析

8.3.1 太原南站枢纽建设主要情况

太原南站是铁路"十一五"规划中石家庄至太原铁路客运专线的重要配套工程，也是山西省第一座高标准、现代化的大型客运车站。太原南站于2008年12月28日开工建设，工程投资估算总额27.13亿元。按照建设方案，太原南站占地面积约42.7万m^2，总建筑面积为15.7万m^2，其中客运站房建筑面积4.9hm^2，车场规模为10台22线。[1]大西铁路客运专线太原南至西安北段，工程历时五年，于2010年3月开工建设，2014年6月竣工，工程总投资669.7亿元。2020年8月30日，郑太客专接入太原南站。郑太高速铁路南起河南省会郑州市，途经焦作市、晋城市、长治市、晋中市，北至山西省会太原市，串联晋、豫两省，连接太原城市群、中原城市群，由中国铁路总公司、山西省和河南省共同建设经营。

---
1 资料来源：http://www.gov.cn/ztzl/2008-12/28/content_1190007.htm.

8.3.2 太原南站枢纽的资金需求预测

太原南站作为高标准、现代化的大型客运车站，工程项目较为复杂。针对太原南站枢纽站前广场西广场项目，资金估算范围包括太原南站交通枢纽、配套建筑工程及城市轨道交通预留工程（仅考虑1号线预留），以及西广场交通接驳部分和配套建筑（北区与南区）的土建、装饰、设备安装、室外工程等的工程费用、工程建设其他费用、预备费等投资。总体上，一个铁路客运枢纽的资金需求包含建设成本和运营成本两个方面。

首先，在建设成本上，太原南站工程总投资估算包括工程费用、工程建设其他费用、预备费、建设期贷款利息、拆迁征地等五个重要部分，共计459957.19万元，其中工程费用331163.73万元，工程建设其他费用35435.28万元，预备期费用18244.55万元，建设期贷款利息40113.63万元，拆迁征地35000万元。

其次，在运营成本上，以北京、深圳等地已运营综合性交通枢纽项目的成本数据为参考，结合太原市的社会经济发展状况，对太原南站项目进行运营总成本估算，最终得出项目计算期内年均运营总成本为20073.12万元，其中年均固定成本为16517.41万元，年均可变成本为3555.71万元。此外，太原南站的年均经营成本约为3563.71万元，包括能源消耗费、职工薪酬、分包费、办公费、折旧费、公共设施维护费、公共保险费用、不可预见费用、财务费用、折扣费等重要部分。

8.4 太原南站投融资体制机制设计

8.4.1 太原南站枢纽的投融资安排

铁路车站或城市有轨电车车站的中期规划通常需要10年，长期规划可能需要大规模投资，并持续20年。[1]根据建设安排，太原南站由国家铁路部门（现为中国国家铁路集团有限公司）和山西省共同出资建设。针对太原南站站前西广场工程项目，总投资约459957万元，其中交通接驳部分投资128426万元，地铁站及区间土建预留投资32715万元，配套建筑等投资246338万元，外电源工程投资1708万元，征地拆迁35000万元，景观

---
1 亚洲开发银行.完善中国交通换乘枢纽：引入国际最佳实践，发展多式联运换乘枢纽，2015.

及绿化投资12043万元，场站道路铺装3727万元。

8.4.2 太原南站枢纽的投融资过程

根据省政府有关指示精神，经太原市政府2010年第7次常务会议研究，授权太原市高速铁路投资有限公司为太原南站广场项目的实施主体，采用市场化运作方式，采取"建设移交（Build-Transfer，BT）+施工总承包"的模式进行建设。根据BT投资合同，西广场工程由太原市负责项目的征地拆迁、项目审批、验收、回购等前期工作，BT投资人负责工程的筹资、建设、移交等。在各项资金的承担上，其中规划、设计、监理、征地拆迁等前期费由市高铁公司发行债券筹集；景观绿化工程及场站铺装工程建设资金由市财政投入；其余工程建设资金由BT投资人通过资本金和银行贷款解决。投资范围主要为西广场交通接驳、配套建筑以及地铁1号线土建预留工程，建设期为5年，自有资金出资比例为35%，申请商业银行贷款比例为65%，采取分年投资。

针对石太客运专线太原南站建设拆迁项目，太原市积极推进金融合作，由市政府出资1亿元，注册成立国有独资公司——太原市高速铁路投资有限公司，并确定其为太原市与国家开发银行新的合作平台与贷款主体，以加速推进完成太原南站的拆迁工作。[1]

2020年郑太客运专线接入太原南站，项目总投资431.3亿元，其中工程投资397.6亿元，动车组购置费33.7亿元。在资金来源上，山西省承担采用经榆社方案所增加投资8.7亿元，其余投资（422.6亿元）的资本金按50%安排，山西省和河南省承担部分工程投资，并分别承担境内段征地拆迁工作及费用。山西省共出资123.1亿元，河南省出资11.5亿元，其余资本金85.4亿元由中国铁路总公司负责筹措，使用铁路发展基金等，资本金以外的资金使用国内银行贷款。中国铁路总公司、山西省、河南省等出资方按《公司法》组建规范的合资铁路公司，负责项目建设和经营管理。[2]

8.4.3 太原南站枢纽的投融资机制

由于铁路项目建设一次性投资大，投资回收期长，随着近年来高铁投资的加大，铁路建设投融资出现了较大困难，而社会资本由于政策原因难以大范围进入铁路市场。国

---

[1] 太原日报.推进金融合作,加快太原南站建设：市政府与开行山西省分行等方面举行融资高层联席会议.
[2] 国家发展和改革委关于新建太原至焦作铁路可行性研究报告的批复（发改基础〔2016〕1045号）.

发〔2013〕33号文件指出：推进铁路投融资体制改革，多方式多渠道筹集建设资金，按照"统筹规划，多元投资，市场运作，政策配套"的基本思路，完善铁路发展规划，全面开放铁路建设市场。太原南站周边地块综合开发项目拟采用大秦铁路股份有限公司出资，租用太原铁路局土地进行开发建设。项目建成后，由太原铁路局和大秦铁路股份有限公司委托太原铁路新创餐饮旅游有限公司进行经营商务酒店。项目的实施，将探索一条铁路投融资体制改革的新路。

8.4.4 太原南站枢纽的投融资效果

对于太原南站商业服务业开发来说，为落实"树立集约化、规模化、现代化的全新理念，搞好新建客站商业服务业开发"的要求，体现铁路新客站运营管理新模式中明确的"推行辅助业务和后勤服务市场化管理。除必须由铁路承担主体责任的业务以外，其他辅助性业务包括物业管理、辅助岗位管理等，采用经济合同方式与社会企业签订委托协议，通过市场化运作，提高专业化管理水平"。太原铁路局运输主业之外的非运输企业抢抓太原南站商业服务业开发这一历史机遇，按照"理念超前，布局合理，品位提升，效益提高"的原则，加强与有关部门及设计、施工单位协调配合，统筹规划，做到与站房同步设计、同步建设、同步启用，推进了太原南站商业服务业开发进程。

8.5 太原南站建设模式与创新思考

8.5.1 太原南站枢纽的建设安排

太原南站综合枢纽工程作为城市综合交通枢纽，其中包含了高铁、城市轨道交通、长途汽车、常规公交、社会车辆、出租车等多种交通形式，工程建设内容包含高铁站房、东广场、西广场等。太原南站综合枢纽工程计划首先进行城市轨道交通区间隧道下穿国铁股道部分结构施工，1号线、4号线区间长度约为250m区间隧道为标准马蹄形断面，采用矿山法施工，在两端设置施工竖井向中部推进，土建工程施工工期约为8个月，于2011年2月底完成。站前西广场中部地下二层城市轨道交通换乘车站长为236m、宽为49m，车站高为7.8m，采用明挖法施工，在车站部分地下一层基坑开挖至地下二层顶标高时，继续开挖地下二层车站基坑土方至设计底标高,然后开展防水层及主体结构施工;地下二层换乘车站主体结构完成后,继续施工地下一层商业开发部分结构。2011年5月底完成地下二层换乘车站主体结构。随后,2011年9月底完成广场中部地下一层商业开发部分主体结构。待站前西广场中部城市轨道交通车站及商业开发部分结构完成后,满足国铁通车运营后站前疏散的要求,再继续实施中轴线南、北两侧地下二层城市轨道交通区间隧道及地下一层商业开发部分结构。

8.5.2 太原南站枢纽的建设过程

太原南站于2008年底开始建设,到2014年基本建设完成并通车,建设过程历经6年。2009年9月17日,太原南站主站房(西站房),开始进行钢结构屋顶吊装施工;11月1日,太原南站主站房——西站房的主体结构完成封顶;12月,太原南站开始高架站房钢结构焊接施工。2010年是太原南站建设的关键年份。2010年1月17日,太原南站开始试验桩施工;2月4日,太原南站进入正式施工阶段;3月18日,太原南站桩基施工;3月28日,太原南站旅客地道工程边墙、顶板、引道施工全部完成;4月,太原南站进入粗装修阶段;5月中旬,西站房区域、桩基及地源热泵施工基本结束;7月16日,太原南站西站房和高架候车厅钢结构封顶;8月1日,太原南站地下结构开始封顶;9月8日,太原南站进入屋面钢结构施工阶段;9月9日,太原南站的站房主体钢结构全面封顶。自开工以来,截至2010年9月,南站工程已经完成投资约11亿元。9月29日,太原南站西站房地下结构全部封顶;10月30日,太原南站西站房主体结构封顶。自此,房屋主体结构已基本形成。2012年年底,太原南站西广场地下交通枢纽工程主体全部完工;2013年8月20日,太原南站线路拨接施工完成;2016年4月,太原南站东广场及配套路网工程开工。

8.5.3 太原南站枢纽的建设机制

如前所述,在太原南站的建设机制上,实施了多层级政府主导、公私合营、建设移交(BT)和施工总承包等多元化建设机制。例如,在太原南站枢纽以及配套设施的建设上,实施了国家铁路部门、山西省政府和太原市政府共同出资和建设的过程与机制;在公司合营上,专门成立了太原市高速铁路投资有限公司,作为太原南站枢纽和广场项目的实施主体,并且采取市场化机制,不断推动各种工程建设的合理分工与深化实施。这样有利于明确各个主体的职责，充分发挥各个主体的优势，通过资金优势、技术优势和管理优势，不断提升枢纽建设的效率，实现资金节约，形成良好的社会经济环境。总体上，太原南站周边地块综合开发项目建设采取多主体合作模式，工程建设参与方主要为项目业主、管理咨询方（监理方）、设计方、施工方，项目业主自行成立管理机构，在设计方和监理方的咨询服务下，对整个项目实行设计、招标采购、施工等过程顺序进行的线性顺序法管理。项目建成后由太原铁路局多元经营开发部门负责经营管理。

8.6 基于综合开发的机制及其成效评价

当前，国家和各地方政府积极推进铁路和城市轨道交通建设及其沿线土地综合开发，以常规公交导向开发机制（Transit-Oriented Development，TOD）不断引领城市发展效率，且将铁路和轨道枢纽站点周边的土地综合开发收入作为铁路建设的重要资金来源。由于铁路客运枢纽投资规模大、周期长和回报率低等问题，通常政府会面临较大的财政负担，且难以吸引社会资本的引入。因此，一些地区积极采用枢纽沿线土地的综合开发，以土地溢价捕获（land value capture）的思路来平衡资金投入，将沿线一级开发或二级开发的部分收益来偿还建设成本。在太原南站枢纽的建设中，积极推动站点广场的开发，通过核心区和影响区范围内的土地综合开发，不断优化用地开发格局与开发机制，进一步提升土地价值，再通过土地综合开发收入来反哺铁路客运枢纽和配套设施建设的成本。总体上，太原南站枢纽综合开发呈现良好的综合开发效果，在财政可持续、经济效率与土地开发收入的合理分配等方面均呈现较好的合理性。

8.7 总结与展望

8.7.1 太原南站枢纽投融资机制反思

随着城市社会经济与交通需求的快速发展，在国家交通强国的建设战略下，各地区的综合交通发展呈现快速发展的趋势。但在铁路和铁路客运枢纽快速发展的同时，也对这些巨型工程的建设和运营提出了更高质量、更加绿色、更加协同的发展要求。尤其是面向高质量和一体化的发展诉求，铁路部门、省市政府等多元主体需要结合财政负担能力和债务水平，不断创新铁路建设、铁路客运枢纽与配套基础设施建设的投融资机制。总体上，太原南站枢纽投融资呈现了一定的效果，尤其通过中央—地方合作、省—市政府合作、政府—社会资本合作、土地开发溢价反哺等多元化机制，不断降低财政负担，提高枢纽建设效率。面向未来铁路及铁路客运枢纽建设的需要，一些可以选择的政策建议包括：（1）强化政府和社会资本合作，构建多元主体参与的投融资机制。一直以来，铁路就是高投资和低回报的特点，再加强铁路的公共产品属性，其建设和运营主要以政府为主。当前，国家不断出台政策来吸引社会资本参与铁路领域的建设、投资和管理，这为吸引社会资本提供了新的机遇。（2）强化枢纽站点沿线土地综合开发，提升土地价值，以土地收益反哺铁路客运枢纽建设。铁路客运枢纽具有较高的经济集聚性，随着铁路客运枢纽从1.0模式向4.0模式的转型，铁路客运枢纽已经逐渐成为铁路区域综合体，更容易通过交通、商业、居住、办公、会展等多样化混合式土地利用形成经济增长点。基于此，通过制度创新，形成铁路客运枢纽周边土地出让、土地规划和土地开发机制，能不断优化用地格局，提升土地价值，提升土地溢价捕获的经济效率和公平性。

8.7.2 太原南站枢纽建设机制的反思

铁路客运枢纽建设与运营管理是提升铁路客运枢纽竞争力和吸引力的重要窗口。伴随着居民多样化交通需求的不断增长，尤其对铁路常规公交化以及铁路服务可达性、准时性的需求，需要不断优化铁路客运枢纽的建设模式、规划设计与一体化协同，从而提升铁路客运枢纽与其他公共交通模式的交通网络整合，以及铁路服务与其他商业、居住、办公、会展等用地类型的城市功能整合。太原南站枢纽在建设上，通过建设移交和工程总承包等模式，一方面有利于提升枢纽工程建设的效率和时间进度，另一方面有利于不同交通功能和城市功能的有效整合，为打造复合、一体、协同的铁路客运枢纽和城市功能区域奠定基础。